EL PROPÓSITO DE TU ALMA CONTADO A TRAVÉS DE LOS NÚMEROS

EL PROPÓSITO DE TU ALMA CONTADO A TRAVÉS DE LOS NÚMEROS

Eric Rolf

Ediciones
Luciérnaga

Diseño de la cubierta: Planeta Arte & Diseño
Realización: Planeta

Primera edición: junio de 2025

Ediciones Luciérnaga
Av. Diagonal 662-664
08034 Barcelona
www.planetadelibros.com

ISBN: 979-13-87667-02-3
Depósito legal: B. 6.056-2025

Impreso en España – *Printed in Spain*

PEFC Certificado
Este libro procede de bosques gestionados de forma sostenible
PEFC
PEFC/14-38-00305
www.pefc.es

Este libro está dedicado a la memoria de Eric Rolf, que nos dejó esta y muchas más obras creativas e inspiradoras mientras transcurrió en esta vida terrenal: 1936-2017.
Gracias.

SUMARIO

PRÓLOGO

Este libro es una recopilación de los últimos cursos que Eric impartió de numerología. Parece que él sabía que pronto nos iba a dejar y, aunque desde los años noventa ya enseñaba la numerología que desarrolló, no dio las últimas fórmulas e información que están plasmadas en este libro hasta sus últimos cursos. Es más, me acuerdo de que en mayo de 2017 se despertaba a media noche para escribir nuevas fórmulas y su significado, y por la mañana me lo comentaba muy entusiasmado. Desafortunadamente, aunque yo sigo teniendo esos apuntes, no puedo compartirlos contigo porque solo él los entendía. Eric cambió de plano, o dimensión, como prefieras llamarlo, el 20 de agosto de 2017, de un instante para otro. Hasta su último momento no perdió la sonrisa, su buen sentido del humor y su amor por cada persona que se cruzaba en su camino.

Tuve la gracia de Dios y la buena fortuna de ser la esposa y compañera de camino de Eric Rolf durante treinta años. En esos años vi cómo la vida de muchas personas cambió. Eric fue una guía muy significativa en sus vidas, empezando por la mía. Mi deseo es que este libro, al igual que los otros que nos ha dejado, también sea una guía para ti.

Dicen que al maestro se lo conoce por sus alumnos; aquí hay algunos comentarios de personas que describen su experiencia a través de las enseñanzas de Eric Rolf. Les doy las gracias por su testimonio.

Mi nombre es Antonio, Ojo de Águila en la tradición del camino del sabor, y quiero contribuir con unas palabras a este nuevo libro «póstumo» de nuestro entrañable amigo y maestro Eric Rolf, manifestado por su amada compañera y esposa Carmen Augusto.

Lo conocí «accidentalmente» en 1996, en una de sus típicas conferencias/eventos que solía organizar justo antes de un curso de fin de semana, y fue tan elocuente y divertida su exposición que desde el principio sus palabras captaron toda mi atención; sobre todo su sencilla forma de ofrecernos en vivo y en directo los efectos de su medicina, a través de lo que aparentaba ser una simple conversación con quien se atreviera a exponer públicamente su dolencia. Sin que la persona lo supiera en ese momento, se abría así la posibilidad de transformarla y reestablecerla. Así fue como sucedió esa primera vez con un joven aquejado por un tiempo de dolor en su rodilla izquierda. Sin apenas darse cuenta, expresó el momento de su vida en que esto comenzó. Años atrás, su madre tuvo que ser operada a corazón abierto y todo su miedo y dolor por la posible pérdida de su madre quedaron atrapados en su inconsciente, que fue la semilla de su padecimiento actual. Eric pudo confirmar esta historia haciendo uso de su infalible y entrenada intuición, y al final de la exposición invitó a este joven a caminar por la sala para sentir los efectos, después de haber conectado con el origen de su dolor... ¡Parecía un milagro que este hombre pudiera andar sin dolor por primera vez en meses!

Desde mi silla pude presenciar como este chico recordó ese momento crucial y su disposición y entrega hicieron posible que se produjera un cambio instantáneo.

Este fue para mí el comienzo de una relación en la que la curiosidad se fue convirtiendo en verdadero interés por conocer, y este anhelo de conocimientos derivó en una relación de respeto y devoción hacia Eric, quien se convirtió para mí en uno de los amigos más auténticos que la vida me ha regalado. ¡Siempre estaré agradecido por ello!

Entre sus muchas pasiones, los números y la numerología del alma representaron un pilar importante para escuchar la vida... Los números a su lado cobraban vida y formaban parte del momento presente. Eric tenía la gran habilidad de jugar con los números para traernos al ahora a través de ellos... El pasado o el futuro podían confluir en ese ahora a través de su visión intuitiva.

Esta cualidad que aporta la numerología del alma está fuera del tiempo y es un recurso práctico, útil y muy divertido si jugamos con los números como parte de la comunicación metafórica de la vida. ¡Gracias, Eric, por compartirla con el mundo! Y gracias, Eric, por regalar tantos valores al mundo. Todos ellos están contemplados en su gran paradigma: el camino del sabor.

Animo a todos los que lean este libro a continuar profundizando en este apasionante, novedoso y transformador paradigma, del que la numerología del alma constituye uno de los componentes necesarios para su comprensión y alineamiento con la vida.

Siempre en mi corazón, Eric.

ANTONIO GIL

Gracias a la numerología, de la mano de Eric Rolf, se me abrieron puertas y ventanas. Me di cuenta de que esta gran herramienta era una fotografía del ser humano, tanto por dentro como por fuera. Ya no había juicio, sino comprensión, de lo que significaban los dones y desafíos para la evolución espiritual, y como un sabor conocido, podría adivinar qué conjuntos de cualidades agrupaban a las personas, como una fragancia. Gracias, Eric, te oigo y sonrío.

María Domínguez

La numerología del alma me ha permitido acceder a un nivel superior de entendimiento de mi propia vida y la de los demás. Es una herramienta que potencia tu intuición y te apoya cuando tienes que escoger entre varias opciones importantes. Espero que la lectura de este libro te sirva tanto como a mí.

Javier Barrios

Conocí a Eric Rolf en 1998, en la presentación de uno de sus cursos de la medicina del alma. En esa época yo atravesaba una crisis existencial, con varios frentes abiertos y que me llevó a una búsqueda de sentido vital. El encuentro con Eric fue, para mí, la respuesta, haciendo bueno el dicho de que cuando el discípulo está preparado, aparece el maestro. Eric Rolf era un hombre sabio en el más amplio sentido del término. Vivía su vida con alegría, consciencia y entrega. Su primera enseñanza era que la vida siempre es amistosa y que siempre está de tu parte, contestando a la pregunta que se hacía Einstein: ¿el universo es amigable? A través de distintos paradigmas, podemos relacionarnos con la vida, y Eric lo hacía a través del paradigma de la numerología pitagórica. Utilizando las enseñanzas que él desarrolló, podemos observar la magia de la vida y cómo alinearnos con ella. Este descubrimiento fue un antes y un después en mi camino de búsqueda de sentido, y confío en que así será también para todos quienes también lo buscan.

PILAR MARTOS

Mi experiencia con Eric ha sido la de un verdadero maestro, y no es solo una frase, sino una auténtica y demostrada verdad. Era una persona firme y tremendamente dulce; jamás escuché o vi en él una palabra o acción que, usando sus propias palabras, no estuviera diseñada para que tú ganaras. Te ofrecía por completo su compromiso por mostrarte el camino tan intenso y profundo que había descubierto y que llenó de un gran amor; solo dependía de ti cómo de profundo querías ir.

Un auténtico ser de amor, al cual le agradeceré toda la vida el conocimiento, la humildad y el cariño que me mostró. GRACIAS, ERIC.

ANTONIO JOSÉ GONZÁLEZ RODRÍGUEZ

Mi experiencia con Eric fue inolvidable. Conocí a un maestro vivo, cercano, amigo, con gran sentido del humor y bonito corazón. Amaba a las personas y quería ayudarlas... Nos mostraba todo aquello que no podíamos o no queríamos ver. Yo lo definiría como una persona mágica, cargada de regalos para todos. En sus palabras, regalos; en sus libros, regalos; en su presencia, regalos...

Este Santa Claus de la consciencia me dio mucho, ¡¡¡muchísimo!!!

Le estaré eternamente agradecida y nunca lo olvidaré.

REYES APARICIO

Todos tenemos y recordamos haber vivido épocas de cambio y momentos cruciales en nuestras vidas. Para mí, uno de esos momentos tuvo lugar en el verano de 1990. Solo sabía que quería hacer algo nuevo y conocer gente nueva, y me apunté a un curso del cual solo sabía el título, «La medicina del alma», nada más y nada menos. Conocí en aquel curso al que sería a partir de entonces mi maestro de vida, Eric Rolf. Fue para mí un antes y un después, desde aquel primer encuentro con él y con la medicina del alma. Toda la visión de mi vida cambió, y con esa visión llegaron los pensamientos y las acciones nuevas. Hoy en día, aún me sigue fascinando lo novedoso de sus enseñanzas; las cuatro preguntas básicas son como una guía de primeros auxilios cuando perdemos el rumbo del camino. Conocer a Eric me ayudó a tener una mayor comprensión de la vida y de lo que en ella nos acontece. La aceptación plena de lo que nos ocurre nos lleva a vivir con mayor consciencia en nuestra vida. Aplicar la medicina del alma y la numerología en mi vida personal y profesional es valiosísimo, pues son herramientas que hacen que todo se afine mucho más y permiten ir a los detalles más pequeños con rigurosa certeza. Después de él han venido muchos otros maestros de vida, pero siempre vuelvo al origen, siempre pienso: «Esto ya lo decía Eric». Allá donde estés, y sé que estás en mi corazón, agradecimiento infinito hacia ti. Te quiero, maestro.

EVA MARÍA RUIZ

A veces hay sucesos que ocurren en un momento de tu vida y que cambian totalmente su curso; eso es lo que me ocurrió a mí cuando me encontré con mi Maestro, en mayúsculas, Eric Rolf. Yo podría haber pasado por la vida siendo una ciudadana cualquiera, pero Eric me ayudó a sacar mi brillo, me ayudó a pulir todo aquello que me alejaba del ser que habita dentro de mí; le doy gracias a la vida por haber podido compartir su tiempo y, aunque ya no está físicamente entre nosotros, sus enseñanzas fueron tan grandes y profundas que una parte de él vivirá para siempre dentro de mí.

Rosario Chávez

El encuentro más importante que se ha producido en mi vida ha sido conocer a mi maestro Eric Rolf. Soy muy afortunada por haber caminado junto a él durante veinte años. Al conocerlo, mi vida tomó otro sentido y propósito. En esa época tendía a ajustarme a mis etiquetas, inconscientemente, y esa fue la primera vez en mi vida que yo sentí que me veían; me veía desde lo más profundo, sin etiquetas, sin juzgar. Y en ese momento sentí libertad interior, libertad de ser yo misma. Gracias por haberme guiado en un camino que ha transformado mi vida de manera profunda y significativa. Solamente estando a su lado hay una energía que te envuelve, de vida, de alegría, de sentido del humor, de presencia, de inocencia, de consciencia. Cuando se dirigía a mí, me temblaba todo el cuerpo, porque sus palabras llenas de sabiduría hacían que se desmontaran mis esquemas, mis creencias, mi forma de estar en el mundo. Gracias por creer en mi capacidad para abrazar el cambio y por apoyarme en cada paso del camino. Me mostraste cómo encontrar la belleza en los detalles más simples y cómo abrazar la positividad incluso en momentos desafiantes. Me enseñaste a cultivar una actitud de gratitud y a nutrir la alegría interna que viene de vivir conscientemente. Me enseñaste a celebrar la vida. La palabra *GRACIAS* no es suficiente para la persona que te enseña a vivir de esta manera. Eric Rolf y sus enseñanzas siempre estarán conmigo, forman parte de mí, de mi forma de ser, de moverme, de compartir... GRACIAS, porque he podido saborear en esta vida esta perfectísima clase de amistad.

Con profundo agradecimiento y admiración. Te quiero siempre.

SONIA CAMPOS MAGALLANES

Maestro, compañero en el camino de la vida y gran amigo, ese ES Eric, y digo *es* porque sigue estando en el día a día de nuestra familia, a través de todo lo que pudimos compartir con él y de todo lo que nos enseñó: aprender a conocernos; saber por qué, si somos un número o estamos en un año específico, nos sentimos de una forma determinada; cómo tomar las riendas de nuestro caminar; cómo comprender las dolencias y lo que nos transmiten; entender que la vida nos habla con susurro... Cada una de sus palabras siempre ha resonando y resuena en nuestro corazón. Me siento privilegiada por haber podido conocer a Eric y agradezco al universo su existencia y el legado que nos deja.

ESTRELLA GÓMEZ JIMÉNEZ

Conocer a Eric literalmente me cambió la vida. Gracias a mi relación con él, a toda la sabiduría que transmitía, con su gran sentido del humor..., pasé de vivir a merced de las circunstancias de la vida a vivir una vida con propósito, a encontrarle sentido a cada desafío que esta me presenta, a experimentar, como él repetía una y otra vez, que «la vida te habla en primera persona». Con la numerología que nos enseñó pude empezar a conocerme a mí mismo y a los demás, a saber por qué hay ciertos ciclos que se repiten, que cada año tiene su energía característica, cómo esta puede afectarnos, y a estar mejor alineado con mi propósito de vida.

Eric, ¡¡¡bendito el día en que te conocí!!

José Antonio Medina

Mi experiencia con Eric Rolf:

Palabras con aroma de silencio.

Un espejo que te mostraba el reflejo de tu propia estupidez hasta penetrar tu ego y hacerte ver la luz de tu ser.

Un representante de la vida que transmitía sus mensajes con una impactante claridad.

Unos ojos a través de los cuales podías vislumbrar la consciencia universal.

Una fuente de alegría que impregnaba el corazón, empujándote a desplegar las alas del alma.

Un guía que te trasladaba a mundos donde brillaban la creatividad y la magia.

Un maestro que ensanchaba la vida llenándote de cariño y gratitud.

Guillermo Castillo León

INTRODUCCIÓN

El contexto o el marco es lo que le da sentido a las cosas. Con la numerología es fundamental esa exploración, porque sin explorar el marco es posible que te confundas. El contexto es el camino del sabor. El saber tiene sabor. El sabor es un puente entre lo material y lo no material. Se refiere al sabor del más allá, que también está incluido en todos los demás sabores. El que realmente saborea la vida no la consume, la celebra, es como otro acto de agradecimiento. Sobre esto me he referido en extenso en otras partes de mi obra, en concreto la relativa a la medicina del alma, el código secreto del cuerpo, el idioma creativo interior, los alimentos del alma, el cocinar y el consciente, la creatividad y todas las materias que yo comparto. Se comparten dentro de un marco o paradigma que es muy amplio; por ejemplo, cuando imparto un curso de creatividad, mi enfoque es en esos aspectos del paradigma.

Cada uno de nosotros tiene un propósito, una misión y una razón de ser en cuanto a lo que puede aportar. Hay una manera clara y directa de descubrirlo que es rápida y fácil. Este sistema de numerología original es un instrumento de percepción simple y profundamente perspicaz que he desarrollado después de muchos años de trabajar con personas. Lo llamo ASPN, que significa numerología del propósito del alma aplicada o perfil pitagórico. Tiene sus raíces en las ideas cambiantes del mundo de Pitágoras y en su comentario paradigmático de que «Dios geometriza». Es sorprendente y gratificante que solo con poder contar del 1 al 9 se obtenga mucha información útil y disponible si se sabe la fecha de nacimiento completa de una persona. Como prueba tanto de la validez como de la utilidad de la información, por supuesto, comenzando por uno mismo, vas a notar cómo las descripciones se aplican y reflejan en tus propios enfoques fundamentales de la vida, en los desafíos y misterios.

Esta es una numerología creativa, así que lo que vamos a explorar son distintos aspectos creativos de nuestra relación con ese misterio que decimos que es la realidad, aunque nadie sabe qué es la realidad. La *realidad* es la palabra más irreal que hay porque es un misterio y, además, es cambiante. Nos podemos relacionar con ella, pero nunca se puede definir del todo.

No es fácil escribir un libro de numerología porque cada persona es única. Así que uno se cambia de casa o de coche y esa energía produce cambios, y puedes notar cómo tu vida cambia, y eso es porque toma otro sabor y equilibrio. Por tanto, decir que el número de la matrícula del coche tiene que indicar esto o lo otro no está tan claro porque eso va a depender de cómo esa energía vaya contigo. En una situación personal sí se puede buscar una correspondencia entre los números y los ciclos en los que te encuentras, y puedes ver el fotograma de ese momento en tu vida. Lo que sí se puede hacer en un libro de numerología es anotar las formas fundamentales, y todo lo demás son aspectos de ese significado. Distinguiremos a lo largo de este libro, para centrar su objeto, entre el número de propósito de vida, los números de los ciclos, el número kármico, el valor numérico de tu nombre y el cuadro mágico.

Existen diferentes escuelas de numerología, como la cabalista, que se enfoca en el día que naciste y no tanto en la fecha completa de nacimiento, aunque sí la toman en cuenta cuando entra en los cálculos; es una numerología más materialista y del mundo físico. También los hindúes tienen la suya propia, que es bastante similar a la de Pitágoras. Los chinos tienen una numerología y los japoneses otra, al igual que los babilonios. Hay diferencias entre las distintas numerologías y te recomiendo que no las mezcles.

La geometría es una manera de plasmar movimientos energéticos que toman formas, como nosotros. Esos movimientos tienen cierta relación comparativa y se les pueden poner números. Sirven para ver cómo estamos creando nuestras vivencias, pero no desde un punto de vista a pequeña escala. A veces comento que pensamos que somos una uña; la verdad es que somos muchísimo más, pero parece que solo somos la uña y lo que no pasa por la uña parece que no tiene sentido. Vale la pena que veas que cuando exploras cómo creas tus experiencias es cuando se amplían a un contexto que parece casi objetivo, aunque no lo es, y ves que muchas cosas tienen sentido porque tu vida no es algo aislado. Y tampoco estás abandonado en la oscuridad, ya que realmente estás conectado, y esa conexión tiene una organización y un sabor. No sabes algo hasta que conoces el sabor. Se pueden memorizar cosas, pero hasta que no se lo puedes explicar a un niño de cinco años, no lo sabes. Uno de los sabores que tiene todo esto es la sincronicidad; por ejemplo, el número de carnet de identidad, el número de tu dirección, la matrícula del coche o el número de teléfono.

Es cierto que tenemos números de la suerte. También tenemos números que representan experiencias o entornos que nos favorecen. Esto no necesariamente quiere decir que nos va a tocar la lotería, aunque podría. El campo al que podemos llamar *la suerte* es mucho más amplio. Yo creo en la suerte como parte de algo misterioso, y a la vez también creo que uno se alinea, se pone a tiro de la suerte; siempre hay riesgo, porque el que no arriesga no tiene suerte. También parece que hay personas que tienen más suerte. ¿Qué quiere decir eso? Quizá es porque tienen la capacidad, por los motivos que sea, de alinearse casi de forma intuitiva con circunstancias que les favorecen y no tienen que luchar tanto, porque esta no es una vida para eso.

Puedes preguntarte para qué conocer la numerología. ¿Para conocer el futuro? ¿Tal vez para saber con anticipación cómo es la persona que acabas de conocer? En mi opinión, el conocimiento de la numerología ayuda de forma muy eficaz a caminar en la búsqueda de uno mismo, y en la comprensión de las circunstancias o vivencias que se te van presentando.

Pensamos para no tener que escoger. El escoger nunca se equivoca; las cosas tienen distintas consecuencias, pero cuando uno quiere tener la razón, de ahí nunca sale. Quien sabe la numerología es parte del gran chiste cómico y cósmico a la vez, cuando empiezas a darte cuenta de que la vida está muy bien organizada.

Imagina la mente como una playa; la parte racional son cuatro granos de arena. No son malos, solo que son cuatro granos de arena, y uno intenta hacer todo en los cuatro granos de arena. Eso no funciona y, además, es frustrante. La mente es agresiva y quiere tener la razón, y puede que provoque muchos ruidos, y a consecuencia de ello se avergüenza de sí misma y trata de mostrarse como si fuera el corazón. Eso ocurre cuando uno explica lo importante que es la familia; solo son explicaciones, pero suena bien y parece que uno se siente de otra manera. La mente no sabe amar ni sentir porque esa no es su función, la mente tiene otras funciones. Cuando uno salta a la parte de la playa que queda más cerca del agua y que es la gran metáfora de las emociones, entonces sí puede existir esa relación entre la arena y el agua, un poco respirándose uno al otro.

Una de las cosas que pueden ocurrir cuando te acercas a la existencia o a Dios a través de este juego divino es que empiezas a ver que las cosas tienen un sentido, y que también tú tienes un sentido, igual que tu vida, que no solo tiene sentido, sino que siempre lo ha tenido, hasta en tus peores momentos. Y es que hay cosas que para uno tenían sentido, pero eran nefastas, y hay que dejarlas ir, aunque al ego no le gusta, ya que pierdes las medallas: «Fíjate lo que me pasó, pero yo luché y soy un campeón (o una campeona)». Lo que ocurre es que estabas andando de espaldas y te diste un golpe con una mesa que te hizo un morado; esa mesa no estaba ahí para hacerte daño, estaba ahí para ser útil o para decorar, pero tú te acuerdas del morado y te parece que fue en vano. No, fue parte del proceso para que por fin te dieras la vuelta, así que esto te ayuda a despertar.

Desde mi percepción con la numerología, las cosas tienen un sentido, no una razón; se trata más de un «para qué» que de un «por qué», y su relación es que solo hay una cosa, aunque dentro de esa cosa existe variedad. De cierta manera eso no nos gusta, es una paradoja muy profunda. Ser parte de una cosa y ser individuo parece ser un conflicto. Ni la astrología ni la numerología saben quién eres. Es cierto que eres único, pero tú no lo sabes. Si en algún momento algo pone en duda tu existencia o tu individualidad, dejas de tenerlo claro, y entonces pierdes la posibilidad de participar de otra manera, desde otro nivel y desde otra dimensión con la existencia.

Jesús dijo que tenías que perderte para encontrarte. Las personas se quieren encontrar, aunque tiene más sentido lo que dijo Jesús, porque para perderte ya te tienes que haber encontrado. Esto es para ver el humor a los acontecimientos y poder sentirte más cómodo con la existencia. Para que no te tomes tan en serio. Pero eso no significa que debas perder esa ingenuidad, ni la capacidad de que algo te inspire, o que te enfades. No pasa nada, todo eso está bien. Como dicen, hay que dejar de buscar para encontrar, pues también hay que dejar de hacer, o hacer sin el sentido con el que uno está haciendo. Puedes hacer cosas y no sentir que las estás haciendo, como sucede con la inspiración cuando las manos van solas. Cuando estás haciendo algo y tienes la idea de «yo estoy haciendo», hay un materialismo presente que es muy constrictivo. Sin embargo, puedes hacer las cosas sin darles demasiada importancia y simplemente porque puedes. Es como tomar un vaso de agua. Y es en ese estado más relajado donde hay espacio y se te pueden ocurrir otras ideas, o bien darte cuenta de otras relaciones y de cómo los números tienen un significado. Esto pasa porque estás relajado. De cierta manera, la iluminación es un estado de relajación a un nivel muy profundo. En ese estado se produce la aceptación de uno mismo; se está despierto aceptando el momento, porque el momento es suficiente.

Dios se esconde en la materia, la materia está vacía y es moldeable de muchas maneras. La inspiración consiste en cierta manera en alinearse con el espacio o con el vacío dentro de algo. Miguel Ángel decía que la escultura ya estaba ahí y solo había que quitar lo que sobraba. Con esta numerología creativa se entra en otro aspecto de responsabilidad. Si estás vivo y despierto, la responsabilidad viene sola; en el momento en que le agregas cosas innecesarias ya vas en la dirección de la irresponsabilidad. La responsabilidad indica que estás ahí para responder, y sabes cómo responder, aunque no siempre sepas las consecuencias.

La numerología sería más fácil si pudiéramos ubicarnos como ateos; lo cierto es que todos pasamos por ese aspecto, muchos a regañadientes, y a otros ni siquiera les gusta la palabra, pero es algo necesario, ya que todo lo que se relaciona con Dios requiere del ateo para compensar. Lo que se plasma, entonces, es una especie de «yo no sé», que es desde donde se podría haber empezado desde el principio, pero entonces no habría habido juego. En ese «yo no sé» hay un espacio para que ocurran cosas, y siempre ocurren. No se trata de si ocurren o no, más bien de si tienen sentido y si hay algo de belleza o de arte en ellas. La comprensión de esto acaba llegando, aunque no seas capaz de entenderlo al principio. Pero llega un momento en que uno dice «ajá»; siempre está ahí ese «ajá», y en ese momento sabes que hay algo. También sabes que estás consciente y que no existen casualidades. La fuente de todo esto es un misterio y te incluye en lo que sea ese misterio y, además, tienes la pista de que a ese misterio lo puedes llamar Dios, o la existencia, e incluso puede que se te ocurra que es posible que seas parte de todo eso y que te plantees la idea de que realmente eres un hijo de Dios, que tienes tantos derechos como los electrones, que dicen que son conscientes y que escogen actuar como si estuvieran en todos los sitios a la vez y saben lo que está ocurriendo en el universo entero; eso es muy peligroso. La cuestión no es si existe Dios, se trata de «¿quién soy yo?». Es posible que no seas un muerto de hambre que se ha dado el gusto de pensar que lo es. Una de las cosas que todos los hijos de Dios son capaces de hacer es aquello que la vida te pone delante, y muchas veces decimos «no», pues queremos hacer cosas importantes y más espirituales. Es para ser capaces de atender lo que la vida nos pone delante en cada momento.

La palabra es creativa y transforma. El tacto en sí no es creativo, tiene otra función; no estoy diciendo que no tenga valor, pero no es un proceso creativo. El tacto es un puente entre lo invisible y entre dos invisibles. Entre personas es como dos almas que se tocan.

Los números son una manera de precisar tanto la observación como el remedio a través de la palabra que le dices a la persona.

A través de la numerología llegan momentos en que se puede hablar de arte o de creatividad porque somos artistas; parece que esto entra más suave que si digo que somos magos. Hay momentos en que uno requiere aceptar el toque mágico porque no solamente es consciente; es consciente y a la vez transformador, ya que el que toca escoge que así sea, elige transformarse a sí mismo.

Uno siempre está pintando, igual que la vida, que siempre está pintando cuadros, y esos cuadros se llaman realidades o dimensiones que van apareciendo. Cuanto más los reconoces, menos esfuerzo supone la obra de arte de uno, ya sea pintar, curar, hacer cerámica, escultura, escribir el arte que sea. El artista tiene un escoger que es curioso, porque es un escoger entre ser rico o ser pobre, y los artistas al principio creen que hay que sufrir o morirse de hambre por su arte, pero eso no es verdad. Se trata de vivir por tu arte, y eso incluye riesgos, pero si no estás dispuesto a tomarlos, entonces la vida te obliga de manera inconsciente a vivir de forma intensa lo que parecen riesgos, y no es necesario. Te tienes que jugar tu aspecto mágico y lo tienes que hacer de verdad, lo que para ti sea de verdad. Está muy bien hacer rituales porque es un juego de la atención, pero el riesgo consiste en apuntarse a algo e ir a por ello, pase lo que pase. No intentes asegurar el futuro porque eso es imposible.

Los números son movimientos energéticos y personajes, y tu número básico de propósito de vida es lo que vienes a vivir. Todos los nacimientos de alguna manera son traumáticos. El proceso de nacer es escogido y nos pone en la dirección de nuestro camino. Después establecemos resistencias y creencias, y no es que sean malas, sino que caducan, y uno quiere seguir con esas creencias.

Si opones resistencia a tu camino, entonces no puedes decir que eso es lo que eres, pero sí es lo que has venido a vivir. Imagina que tu camino es ir quitando resistencias porque, si no, no habría juego. Si ya lo tuvieras todo hecho o asumido, tal vez te encarnarías en otro planeta o en otro sitio.

Para mí la mejor manera de conocerse es la numerología. Conozco la astrología, la lectura de las manos y otros sistemas. La meditación, igual que la respiración consciente, es una práctica, son alimentos, pero de todos los sistemas, la numerología es el más eficiente y sencillo; solo se necesita contar del 1 al 9, sumar y restar. La numerología te sirve para coger el sabor de ti mismo.

Todo tiene un número, y con todos esos números pasa como con la astrología, que se habla de su efecto. Escogemos todo lo que nos ocurre, incluyendo esos números con los que parece que no tenemos nada que ver, como el número de carnet de identidad, la matrícula del coche o el número de teléfono. Todos estos números debemos reconocerlos, y algunos de esos números a veces elegimos cambiarlos, por ejemplo, el número de la cuenta bancaria o el número de teléfono. Si quieres que te llamen mucho o, por el contrario, que no te molesten, hay números que suelen atraer más llamadas y otros menos. Imagina que el teléfono es como una señal que mandas al mundo y el mundo te responde, y cómo lo hace depende de tu número de teléfono. Si sumas todos los números de teléfono y los reduces a un dígito, ese número te puede indicar si atrae llamadas o no lo hace; por ejemplo, el número 7 suele atraer llamadas; el número 3, no; el 4 suele atraer llamadas de familiares y también formales u organizadas.

Cuando Pitágoras dijo «Dios geometriza», abrió la puerta de la física cuántica y de una serie de experiencias energéticas que, de cierta manera, en este siglo estamos empezando a entender un poco; los antiguos lo entendían porque lo vivían de otra manera. Nosotros hemos pasado por una especie de edad oscura. No estoy diciendo que no ha habido adelantos, claro que sí, pero en cierto modo ha sido una época de oscuridad, y ahora estamos empezando a salir de ahí. Casi te diría que Pitágoras, como matemático que así se ganaba la vida, en realidad, era un maestro despierto que compartía conocimientos, un gran hombre. Hay hombres que crean eventos y otros que son de la eventualidad. Pitágoras fue un hombre que creó eventos. Jesús, Buda, Lao Tzu, Albert Einstein, entre otros a lo largo de la historia, también fueron hombres que crearon eventos. Hay otros que han sido famosos y han contribuido mucho en sus tiempos, pero pertenecen a la eventualidad. Pitágoras dijo que todo tenía número, hasta las cosas subjetivas, como la justicia y la libertad; también lo que llamamos subjetivo tiene un número dentro de la numerología y que no tiene nada que ver con las matemáticas, aparte de saber sumar y restar y contar básicamente del 1 al 9.

Cuando uno nace, la pregunta no es «¿quién soy?», sino «¿dónde estoy?». Y lo que también está implícito es la pregunta «¿para qué estoy?». Esto ya implica un propósito. El psiquiatra Viktor Frankl, en uno de sus libros,[1] dice que el hombre busca sentido. A mí me parece que buscamos un sentido porque tenemos el sentido interior del saber, y sabemos que tenemos un propósito, que es el sentido de «¿para qué estoy?». Así que uno dice «¿dónde estoy?», y «¿para qué estoy?». Y ese «¿para qué estoy?» es la búsqueda de propósito. La numerología es una manera muy sencilla —además de tener un vocabulario sencillo— de conectar con ese propósito. Sabemos que tenemos un propósito; lo que queremos es sacarlo de la menor consciencia a la consciencia, y la numerología lo facilita. Una pista para saber cuál sería tu propósito de vida, por ejemplo, si eres un número 8, es saber que vienes a crear espacio para los demás y conocer las características del número 8. Todo en tu vida tiene sentido, y

1. FRANKL, Viktor, *El hombre en busca de sentido*, Barcelona, Herder, 2015.

esa es la gran duda que tiene el ser hermano; uno dice «me quiero realizar», y esa es la segunda cosa más importante.

Siempre has hecho lo que has querido, pero lo racionalizas de varias maneras, construyes una explicación dependiendo de quién te lo pregunte y lo justificas diciendo que habrías hecho otra cosa, pero que lo hiciste por él o por ella. Otra persona en esa misma circunstancia puede que hubiera actuado de otra manera. Tú escogiste lo que escogiste porque quisiste. O te haces la víctima o el héroe, pero nunca has sido víctima. Crees que en su sabiduría divina la vida montó todo esto que coordina mejor que un reloj, pero que metió la pata contigo y tú eres la equivocación de Dios; mira hasta dónde puede llegar el ego. No metió la pata contigo, ni con nadie, pero asumir eso es quedarse sin excusas. Realmente necesitamos enterarnos de para qué y cómo hemos participado nosotros en esto, y hay pistas. Los números son una gran pista, no solo para ti personalmente, sino para comprender cómo la vida es parte de algo muchísimo más amplio. La numerología no sirve para hacerse la víctima en ningún momento.

Tus creencias son las que crean tus experiencias, son las gafas que tienes puestas. Si cambias de gafas, las experiencias también cambian. Todos llevamos gafas, pero algunos les ponen cristales. La realidad no es de verdad, no existe. Solo existe a través de tus gafas. No pienses en lo que te acabo de decir, es para experimentarlo y para que te arriesgues a ver qué pasa. Hay que probar las cosas, que no es que sean así, sino que dependen del marco por el que las ves, dependen de las gafas con que las miras y no tienen una existencia absoluta. Si cambias las gafas, el marco cambia. Uno ve a un hombre pegando a un niño en la espalda y piensa que es una persona mala; pero alguien le dice que el niño se ha tragado un hueso y que el hombre le estaba salvado la vida, y ahora es un héroe. En realidad, es lo mismo, pero uno lo veía con unas gafas y el otro le cambió las gafas. Nada tiene sentido si no es a través de las gafas con las que lo miramos. Siempre creas las cosas a través de tus propias creencias y deseos, pero no siempre tienes claro lo que estás creando. Parece que las cosas vienen de fuera porque tienen dimensión, es como el cine, que te hace llorar o reír, pero todos los personajes en la película son una proyección. Las cosas no te pasan, tú les pasas a las cosas. La numerología puede indicarte el sabor de distintos cambios en diferentes aspectos de tu vida, pero todo en tu vida está cambiando continuamente. Lo sencillo no siempre es fácil.

La numerología te permite explorarte a ti mismo de una manera diferente, y lo hace en un formato que te da un punto de vista bastante claro sobre tu propósito de vida; cómo profundizas en ello depende de ti. Yo veo los números como esencias. Hasta lo que llamamos el *destino* lo considero una esencia; sabemos que existe, pero no se puede coger con las manos. Con los números la esencia es igual, pero la expresión de esa esencia es única para cada persona; las posibilidades están ahí y casi se podría decir que son infinitas.

Los números impares son más exteriores y los pares tienden más hacia el interior. Aunque no ocurre en todos los casos; por ejemplo, el número 2 es más interior, aunque se suele enganchar en la materia. El número 4 es la materia, la naturaleza y la familia, que son conceptos interiores. El número 6, aunque se viste bien y tiene suerte en el mundo, es muy responsable, y esa responsabilidad y atención vienen del interior. Parte del problema del número 8 con el ego es que no atiende a su interior. Viene a administrar el poder de otros y es interior.

De cierta manera incorporamos todos los números, y a la vez estamos manifestando un proyecto artístico. Lo puedes llamar tu *misión de vida,* y lo que significa es que le das énfasis en un campo, pero lo cierto es que, o en ciclos o en días y en distintos momentos de la vida, vives todos los números.

La dinámica es difícil, aunque todo está en movimiento; intelectualmente lo sabemos y a la vez queremos que las cosas sean fijas. La numerología no es algo fijo, aunque lo parezca, y debemos darnos cuenta de que es dinámica, está en movimiento. Por ejemplo, en un día 2 universal (el número 2 universal es un día de calendario más el mes y el año actual que se reduce a un dígito), si tu número de propósito de vida es 1, la suma del día 2 universal más el número de propósito de vida daría como resultado una energía 3 en tu vida. La numerología te da un esquema para ver qué factores pueden estar influyendo en cada instante.

Puede sonar a que uno es como un robot, y no es así; es como conocer a las únicas nueve personas en tu vida, y esos nueve números son como distintos animales: gatos, perros, pájaros y peces. Hay muchas razas de gatos, grandes y pequeños, y también leones, pero todos son felinos. Y esto es lo mismo: estamos hablando de la esencia de las personas y la manera en que se manifiesta en su vida; no hay dos iguales. Cada número de propósito de vida es ese tipo de esencia; por ejemplo, la esencia del 8 es la misma, aunque la expresión puede variar y es única: no hay dos números 8 que sean iguales. La vida no repite, es imposible incluso hacer una fotocopia exactamente igual que otra; aunque lo parezca, cuando las ponen bajo el microscopio se ve que cada fotocopia es diferente. Tú eres único y esa huella digital ya no se va a repetir más. Hay ciertas cosas que el ser humano tiene, como dos piernas y una cabeza, y eso es a lo que estamos dándole forma según los distintos números. Todos somos únicos y esto te da un marco para evaluar algunas partes de tu vida. Con la numerología podemos darnos el lujo de admitirlo, reconocerlo, y a partir de ahí sí podemos avanzar. Tenemos todos los números, pero algunos venimos a encarnar un aspecto o un número determinado.

Tu edad está determinada por si piensas más en el pasado o en el futuro. Si te estás lamentando por el pasado o pensando en la oportunidad que perdiste por no haber hecho tal cosa..., debes hacerte la pregunta «¿quién soy hoy?» y «¿para qué estoy hoy?». Todo este proceso de los números te lleva a quién eres hoy, porque mañana vas a ser otro.

La numerología sirve para que haya más vida dentro de tu vida, para que haya más realidad dentro de tu día a día, para eso sirve. Se trata de cómo vives tu vida, no de decir «ahora sé algo de numerología y me voy a convertir en numerólogo»; puede que ocurra, pero no es el primer propósito de esta enseñanza. La primera meta es que entiendas más de ti, y de cómo te relacionas con la vida y con las demás personas.

Con la numerología cada persona se puede identificar de una manera bastante impactante con el sentido interno que tiene del saber; sabes que se está hablando de ti y de tu número, para que te relaciones de otra manera, y según sea esa relación contigo, así te relacionarás con los demás y con el mundo, por lo que tiene mucho valor personal y también como parte de un paradigma.

La numerología no consiste en adivinar, sino que sirve para estar vivo, para aceptar el puesto de artista que cada uno tiene en la vida, empezando por su manera de crear las circunstancias, no solamente los que pintan o escriben. Una de las cosas que sí podemos decir en términos conceptuales de la numerología es que hay ciclos.

EL SECRETO DE LOS NÚMEROS

Tus números personales son una pista para mejorar tu búsqueda de salud, dinero y amor de formas concretas.

Para saber tu número de propósito de vida, suma tu mes, día y año de nacimiento, y redúcelo a un dígito.

Ejemplo: si has nacido el 15 de febrero de 1989, tu número personal se hallaría de la siguiente forma: 2 + 1 + 5 + 1 + 9 + 8 + 9 = 35. Ahora, 3 + 5 = 8. Este sería tu número de propósito de vida.

Desarrollamos, a continuación, las características de cada uno de los números.

1. Siempre es niño - Ser nuevo en cada momento - Acción creadora - Dar sin condiciones -Generosidad - Novedad - Inocencia

El 1 viene de la unidad, que es una forma de decir que antes del 1 está el todo o la nada. Parte de su camino es separarse de ese todo, empezar por su cuenta, y para distinguirse se reafirma en el yo, lo que lo hace muy sensible a su ego. Es externo y protagonista, y actúa por instinto primario, atraído por la novedad, con la ingenuidad y la inocencia de ser un hijo de Dios.

El número 1 quiere ser el primero, el mejor, y no intentes quitarle la atención. Si quieres relacionarte con un número 1, no trates de quitarle el protagonismo. Viene a encontrar una identidad. No sabe si es el mejor o el peor porque quiere descubrir quién es. La identidad y el ego al principio van juntos, pero llega un punto en que sabe que hace las cosas porque quiere, por lo que no dará importancia al qué dirán. Con cualquier cosa que haga, hay quien estará de acuerdo con él y quien no, pero llega un punto en que le da igual, y se da el gusto de saber que está haciendo lo que quiere. A menudo al número 1 le gustan las antigüedades, o bien lo que es muy nuevo. Escucha de una manera diferente y quiere cuidar la creación antes de que se manifieste. Debemos cuidar el aspecto de niño que todos llevamos dentro, y el número 1 es niño. Se preocupa por otras personas, y también lo hace para ser niños. Es para animar la parte de niño de las personas, porque ahí es donde está la creatividad o la inocencia y ser nuevo con todas esas posibilidades. Los niños tienen sueños, y los mayores se han olvidado de que tenían esos sueños.

El número 1 tiene ilusiones y es un niño, hasta puede ser un jefe de empresa, pero es un niño jugando a ser mayor. Le gustan las cosas nuevas y novedosas, cosas que le inspiran porque hay inocencia en lo nuevo, pero eso nuevo no tiene por qué venir de dentro de su cabeza, puede venir de otra persona, aunque se resiste cuando viene del otro porque parece que no es propio, pero sí lo es si se responsabiliza de ello.

El número 1, el 2 y el 8 se atraen. El número 2 y el 8 se atraen para ver quién tiene más poder. El número 1 y el 8 se llevan muy bien porque el 8 le crea un espacio y le da libertad. El número 8 puede ser un poco serio, le gusta la juventud que siempre emana el número 1, y al número 1 le gusta la fuerza del 8.

El número 1 es de empezar las cosas y no siempre terminarlas, de iniciar e innovar. Es el número del yo, de la identidad, del ego y de conocerse como individuo. Vienen con el enchufe en el cielo porque ya están conectados con la unidad. Es el comienzo de un proceso de distinguirse dentro de la unidad sin desconectarse de la unidad, y ahí está la lucha con el ego. Si hay un número que tiene que mirar el ego es el 1; el ego es falso, pero hay que vivirlo para que se pueda caer, como una fruta madura. Al principio el número 1 tiene dificultad para distinguir la identidad y el ego, ya que el ego se disfraza como la mente, aunque no lo sea. Es el número de la unidad y también de la acción, de la identidad, del yo, del ego, y necesita distinguir entre qué es la identidad y qué es el ego. Todos los números tienen que mirar el ego, ya que aparece de distintas formas. Si te puedes reír de ti mismo es que ya puedes ver el ego; no lo eliminas, pero al menos lo ves.

El número 1 es muy de corazón. También es muy directo y protagonista. Puede tender a tener problemas con los ojos y el corazón. Le cuesta escuchar porque ya sabe lo que le van a decir. Si otra persona le dice algo, parece que, de alguna manera, exagerando un poco, está manchado.

Empieza cosas nuevas, y el empezar es un proceso completo. Tiende a frustrarse porque muchas veces empieza cosas y no las termina. Plantar una semilla es un proceso completo; claro que después hay que alimentar esa semilla, pero las manzanas ya no son asunto suyo, eso es asunto del manzano. Lo que él ha hecho es plantar el manzano, y de eso se trata, de plantar cosas nuevas. Cada paso es tanto un empezar como un completar. Solo hay un paso, los chinos dicen que el viaje de diez mil kilómetros empieza con un paso. Sí, se entiende lo que quieren decir, pero de alguna manera están equivocados, pues solo hay un paso, porque uno da un paso y ese paso cambia a la persona que lo ha dado. Así que el que da el siguiente paso ya es otro; no se puede cruzar el mismo río dos veces. Eso incrementa el gusto que tiene de su propia vida. La vida consiste en una serie de comienzos. Con cada empezar somos nuevos, hasta el cuerpo cambia de un instante a otro. Si quieres iluminar el camino del otro, sube la intensidad de tu propia bombilla. Ten cuidado con los que te prometen salvarte, porque nadie te puede salvar, ya que no lo necesitas; lo que pueden hacer es echarte una mano.

El 1 es muy creativo, aunque no es el número relacionado con la creatividad, porque su creatividad está más enfocada en hacer cosas para el público. Se enamora fácilmente porque es impulsivo y muy de corazón. Es un actor nato y, además, se lo cree. Viene a aprender a estar solo. Descubre la diferencia entre la ausencia del otro y la soledad de verdad, que son cosas muy distintas. El uno también indica la unión, la unidad y la totalidad. Es un número externo. A los números que son externos les cuesta asumir el concepto de que el mundo no es de verdad, porque entonces se cuestionan que lo que hacen no tiene sentido, y eso al ego no le gusta. En la astrología se relacionan con Aries.

Puedes sentir que te resistes a las cualidades de tu número, y ya que el número 1 viene a pararse solo, curiosamente, o es muy lanzado, o muy lento, y la mayoría son muy lentos para comer.

2. Profundidades internas - Conexión con el poder personal - Relaciones - Apoyo - Compromiso - Actividad de vida sin ego - El espíritu y la fuente invisible

Para el número 2, el número 1 representa «el otro», y lo complementa buscando el equilibrio. El número 2 apoya mucho al número 1, hace el trabajo y el número 1 se queda con el crédito. Encuentra su camino dando apoyo al otro sin protagonismo, sin pedir recompensas y sin necesidad de justificarse o justificarlo. El equilibrio lleva al número 2 al interior, que representa también el mundo de los sueños y la imaginación. Acuérdate de que somos un 99 por ciento invisibles. El interior no es el interior del cuerpo, es el interior del mundo implicado. Es el interior del universo que estamos mirando.

Es dependiente y necesita al otro; una cosa es su disfrute, pero esa necesidad puede ser obsesiva. Es un número oscuro porque es interior; en la oscuridad hay luz, pero hay que vivir la oscuridad para encontrar la luz. En ambientes 2 suele haber un loco en la familia.

Necesita un poco de racionalidad porque él no lo es. El interior tiene otra inteligencia que no es tan lineal, así que un poco de racionalidad le va bien. Lo que ocurre es que cuando quiere usar estrategias, que es un proceso del número 7, le parece que no lo puede hacer.

Tiene una gran capacidad de trabajo y fuerza interior. Viene a trabajar y no necesariamente a recibir el crédito. Juega en equipo. Es el más fuerte de los nueve números porque están conectados con su interior. Yo digo que el número 2 no es de este planeta porque tiene otra visión del interior. El mundo no es igual para las personas que lo miran desde fuera. Puesto que el ser humano es 99 por ciento invisible, la parte material es menos del 1 por ciento, así que hay menos de un 1 por ciento visible en todo el universo. Si uno por naturaleza es más interior, entonces está más conectado con más posibilidades de sí mismo, y ahí está el origen de la fuerza que tiene el 2.

También puede sentir que hay momentos en su vida en que le cuesta levantarse de la cama, y cuando lo hace le lleva unas horas hasta que se siente completamente despierto, porque sigue profundizando en el mundo de los sueños. Eso puede ir cambiando a lo largo de su vida. La sensibilidad es más fuerte que la fuerza. El agua derrite un metal y acepta todo. Hay mucha atracción entre el número 2 y el 8, porque se miden el poder entre ellos.

El número 2 es de apoyo y el que apoya se entrega, no está esperando a ver cuándo le toca a él; es como dejar caer el «¿cuándo me toca a mí?». Su satisfacción se produce en ese momento, y no necesita buscarlo, porque todo está ahí. Sería como ser feliz en el momento.

El poder que tiene es indirecto. Me refiero al poder indirecto cuando quieres algo y solo debes tener claro lo que quieres, y después usar la energía para apoyar al otro. Entonces lo que quieres te va a venir de regalo, como de sorpresa. También es cierto que hay personas que son número 2 y absorben el ego del otro y se creen que es suyo. El número 2 de cierta manera no tiene ego, no tiene por qué tenerlo.

Es un número interno. Se relaciona más con las relaciones de uno a uno. Es muy soñador. El número 2 no es egoísta por naturaleza, aunque pudiera aparentarlo. Se trata de personas con fuerza, y también son muy trabajadoras. El número 2 es mimoso y le gusta cuidar a las personas. Hay pocas mujeres número 2 a las que la idea de tener un bebé no les atraiga, pues les gusta hacer de mamá.

3. Equilibrista - Relación interna/externa - Explorar el proceso creativo y las comunicaciones - Estar en el momento a través de la acción inspirada - Conectar lo divino y lo humano - Conocer y encontrar el orden en el caos

El número 3 llega al escenario después del 1 (exterior) y el 2 (interior). Está indeciso, no sabe si quedarse en el exterior o en el interior. Duda, porque no está cómodo ni dentro ni fuera. Encuentra su camino desapegándose de ambos, en el puente entre uno y otro, en la oscilación entre interior y exterior. Ese continuo viaje es la fuente del proceso creativo y su comunicación. El número 3 es de andar por la cuerda floja y al principio quiere ser una cosa, o la otra, pero eso no funciona, porque te caes. Si estás caminando por la cuerda floja, te vas a caer si te inclinas mucho de un lado, pues debe haber equilibrio entre ambos lados. Hasta que no aprende que es las dos cosas puede sentir una intensidad que parece negativa. Por ejemplo, puede que a veces note que lo quieren mucho y otras que lo rechazan. Parece que los demás lo tienen todo solucionado y, en cambio, uno no, y comprueba que a los otros tampoco les va tan bien. Esto parece un conflicto, aunque ese conflicto es de uno mismo porque quiere ser esto o lo otro. En realidad, se trata del movimiento. El hecho de que todo esté en movimiento es uno de los conceptos más difíciles de comprender. Las personas buscan seguridad, la aprobación de los demás y el control, y claro, a todo el mundo le gusta sentirse seguro, tener el control de su vida y que los demás aprueben lo que hace. Pero hacer algo solo para sentirse seguro no es lo mejor, la seguridad está en la tumba.

El número 3 se relaciona con la exploración de las raíces de la creatividad y la comunicación. Busca la mina de oro, lo que le gusta es buscar dónde está, pero no montar la joyería, como haría el número 6. Tiene una variedad de métodos en la comunicación y la expresión artística cuando se pone en ello. Es el número de la creatividad, el miedo y la confusión; acuérdate de que el miedo es energía creativa bruta que se tiene que transformar. La confusión viene cuando uno está demasiado apegado a un resultado. El miedo es el susto al que uno se engancha, esa es la dinámica del número 3. El miedo es un tesoro, y no hay número más miedoso que el 3. Aunque hay personas que llegan al pánico, el 3 tiene miedo, pero no pánico, como sí puede tener el 5. Todos nosotros tenemos miedo, pero el 3 es el dueño del miedo porque ha venido a explorarlo y, como consecuencia, lo conoce muy de cerca. El miedo es fuerza creativa de forma bruta, es como el petróleo que se refina y con él se puede hacer hasta perfume.

La consciencia es móvil tanto en el espacio como en el tiempo. Cuando tienes una visión de algo, hay una parte de tu consciencia que va a ese posible futuro y lo explora, y, mediante un proceso que se parece mucho a la resonancia, saca del pozo creativo suficiente petróleo, que una vez refinado te da la gasolina para llevar a cabo ese posible futuro y manifestar en el mundo la visión que tenías. Pero cuando quieres hacerlo y lo estás imaginando, te dices «tengo miedo», porque se produce una especie de impacto de esa explosión de fuerza bruta, y no pasa nada porque se ha convertido por fin en fuerza creativa. Hay personas que se quedan colgadas en ese impacto, y lo que indica es que, si te pones a ello, tienes suficiente petróleo para hacer la gasolina que necesitas para llegar a manifestarlo.

Su manera de controlar sería igual a la del director de cine, que lo hace con algo en mente, aunque después las personas no siempre reaccionan como el director piensa que debe ser. El 3, como hemos dicho, es un número de puente de andar en la cuerda floja, un poco interior y un poco exterior. El problema es que, si se queda mucho tiempo de un lado, quiere moverse hacia el otro lado, y cuando está allí también se queda mucho tiempo. Así que el secreto del número 3 es, precisamente, moverse de un lado para otro, tanto en puntos de vista como mudándose a otra ciudad o país para cambiar la perspectiva. Hay personas que pueden cambiar la perspectiva donde se quedan, aunque menos de lo que se figuran. Aunque esto se puede hacer, vale la pena moverse y viajar, sobre todo internacionalmente, porque es una de las mejores terapias que hay. Hay un proceso que vive el número 3 que se puede decir que es ir de la pobreza a la riqueza.

El número 3 tiene una especie de optimismo nato, aunque algunas veces puede estar oculto. Tiene la ventaja de que a veces mira el mundo desde dentro y otras desde fuera. Suele ser pionero, lo que le gusta es la aventura de la creatividad y su funcionamiento. Puede ser inconstante, porque llevar las cosas hasta el final no le interesa. En cambio, el número 6 puede ser como el 3, pero más refinadamente, por ello puede alcanzar muchos más éxitos. El 3 simplemente quiere saber cómo funciona y qué sabores ocultos hay ahí.

El 3 es una persona emotiva y en muchos casos reprime sus emociones porque le sobrepasan. También puede ser inseguro porque en su niñez haya vivido circunstancias con su familia que le den la sensación de que un día es el mejor y al otro día el peor. La inspiración llega cuando uno se quita de en medio y parece que no es uno; entonces, simplemente ocurre, las cosas van solas. Tener una identidad que no es muy fija te ayuda al proceso de quitarte de en medio, porque no se tiene el mismo tipo de creatividad. La inseguridad y el nerviosismo por fin tienen un motivo.

4. Hogar y familia y la familiaridad del momento - Desde lo individual hasta lo cósmico - Tierra y materia - Apoyo - El universo y el mundo físico - Estar conectado con el todo y con el saber

El número 4 es el número de la tierra y de tener los pies en el suelo. Los 4 son buenos agricultores, y destacan en organización, familia, materia y cuerpo físico; también pueden ser buenos médicos, mecánicos de coches e ingenieros. Entienden las moléculas y las viven, pues no se trata solo de entenderlas, sino de vivirlas de cierta manera.

El 4 viene a ampliar la idea de familia, desde la familia de sangre a toda la humanidad. Sus problemas pueden producirse en asuntos de familia y en las relaciones con personas cercanas a las que sienten como familia, y se trata de un desafío bastante fuerte porque es el número más lógico que hay. Los 4 son prácticos, pero tienen que mirar de qué forma lo son, porque si solo es por la lógica pueden buscarse un problema. También buscan la mejor solución a las cosas.

Representan la conexión con el aspecto físico del mundo. Perciben la materia como una manifestación divina y buscarán su camino a través de ella. Cuando tienen prisa, encuentran obstáculos, así que tendrán que desarrollar la paciencia, que es ver la vida paso a paso, un paso cada vez.

Son personas con las que no es fácil relacionarse, pues creen que saben cuál es la mejor manera de hacer cualquier cosa. Son muy lógicas, dentro de la filosofía se estudia la lógica, y lo que saben es que siempre te lleva a una calle sin salida. Vienen a aprender a fluir, pero empiezan en la otra punta con una lógica absurda; al ser personas muy lógicas se pueden convertir en cabezonas, y eso es una cosa que se tienen que mirar. Pueden sentirse atraídas por la escultura, tallar la madera, la pintura y todo lo relacionado con las artes plásticas. Necesitan el contacto con la naturaleza.

El 4 también puede sentir ansiedad porque las cosas no salen exactamente como él quiere. Uno tiene el derecho de escoger lo que quiere, y un poco el cuándo, pero de cómo y por qué calle te va a venir se encarga la vida. A veces uno piensa que las cosas tienen que venir de determinada manera, y cuando no es así, le entra ansiedad.

El 4 es un número del proceso, es el camino y no el resultado. Las personas número 4 que se dedican al proceso y a vivirlo parece que evolucionan más rápido. Aunque suelen tener obstáculos, pues el río de la vida no es una línea recta, sino que es curvada, y los obstáculos son una señal de que el río ha cambiado de dirección. Lo que suelen hacer es pegarse contra la pared porque creen que hay que ser un luchador. Lo que hay que hacer es dejarse llevar, pues entonces pasan cosas. Cuando chocas, puedes echarte atrás y ver que el río ha cambiado, o bien insistir, pero esto en general no sirve, aunque de vez en cuando parezca que da resultados. Como son personas prácticas, a veces eso puede llevarlas a insistir.

5. El caballo alado - Libertad de ser/hacer - variedad de acción creativa - Sanación y acción en cada momento - Acción pura, todo está vivo - Energía - Libertad y sentirse libre - Cada acto es completo, siendo impecable

Los 5 son una fuente de energía contenida en sí misma, como una batería inagotable que puede arrancar muchos coches, y cuando los arranca ya no la necesitan; su desafío es permitir que circulen por su cuenta sin controlarlos. El problema es que piensan que son la batería del coche, pero en este caso se puede arrancar un coche y sacar la batería, y el coche sigue andando. El problema de los 5 es que quieren ir con el coche, y por eso muchos se sienten engañados. «Me han dejado, después de todo lo que yo he hecho ni me han dado las gracias», pero han venido aquí a estar por su cuenta, y cuanto más vivan su camino directamente, mejor les saldrán las cosas.

Pueden entregar su energía a todos y así ser independientes alcanzando su propia libertad a través de esa misma entrega. El desafío del número 5 es que quiere controlarlo todo, así que se aísla de todo y quiere libertad, aunque libertad no equivale a rechazo. El número 5 es un número de libertad, de independencia; por un lado, es lo más dulce que hay, y por otro, lo más terrorífico, porque no sabe si está volando o si está cayendo, así que intenta agarrarse a lo que no se puede agarrar, y de ahí sale el control, que está basado en la inseguridad. No tiene por qué ser malintencionado, aunque algunas veces sí lo es. Como viene a manifestar su libertad y la independencia, es lo que más le cuesta, y vivirlo directamente le aterroriza. Por ejemplo, quiere controlarlo todo, pero eso no es un acto independiente, de libertad, y no quiere tomar la responsabilidad.

La vida es insegura, pero eso no convence al número 5, ni tampoco que este mundo es una ilusión, una metáfora. Él trabaja en el mundo y aporta viendo cómo las cosas cambian, porque es lo que viene a hacer. Relajarse y dejarse fluir es un desafío para el número 5, pues le parece que pierde el control. Estamos aquí para ser libres, acuérdate de lo que dijo Buda: «Ya eres lo que buscas». Entonces el número 5 ya nace libre.

El número 5, si no lo ve, no lo cree, lo quiere tocar. Si le dices que esta vida es una ilusión y que somos invisibles, no se lo cree, y es porque viene a sentir y a tocar la materia. Andamos en un mundo plano, pero sabemos que el mundo es redondo; las dos cosas son ciertas, y es bueno saberlo.

El ser humano es un 5. En el dibujo de Da Vinci del ser humano hay cinco puntos: los dos brazos, las dos piernas y la cabeza forman una estrella de cinco puntas, que es la metáfora del ser humano. Un ser libre de luz. No vemos la luz, sino su reflejo. Esta energía o luz está en todos los sitios, es el centro. Todos tenemos una responsabilidad hacia el 5, que es la de facilitar su libertad y el desapego.

Los 5 son artistas, y cualquier cosa que puedan tocar con las manos, o la arreglan o la destrozan, pero nunca la dejarán a medias; en ese sentido son muy completos. También son sanadores natos. A las personas les gusta estar con ellos porque tienen energía y siempre están aportando; son generosos energéticamente. Hay pocos 5 vagos y normalmente tienen problemas, porque no es que lo sean, es que tienen el freno de mano puesto. Su naturaleza es de moverse y de dar. Estamos aquí para tres cosas: escuchar, sentir y dar, y el número 5 es la metáfora de un dar conscientemente.

Prefieren moverse que pensar en las cosas. Es un número de acción sin pensar, y eso es muy zen. Hay que saber que considerar algo también es actuar; uno va en otro cuerpo en lugar de ir con el cuerpo físico. La acción y el movimiento es lo que importa en la vida, y ese es el 5.

Este es un planeta de agua, así que todos hemos venido aquí a sentir y eso incluye sentirlo todo: lo bueno y lo menos agradable. La vida es un juego maravilloso y hemos venido aquí a sentir. También hemos venido a escuchar, y por eso la sordera espiritual es una enfermedad. Desde el escuchar se produce un sentir y un dar o aportar valor.

El número 5 es impaciente, ¿y por qué? Porque es el número de la energía, la libertad y la independencia. Tiene impaciencia en muchas cosas hasta que encuentra algo en lo que enfocarse. El secreto del 5 es hacer algo intensamente y después cambiar a otra cosa intensamente. Hacer algo por un periodo con intensidad y después sentarse no le funciona, y no solo al número 5, sino a nadie. Tiene energía que le sale por todo el cuerpo, pues es una batería.

El movimiento es importante para el número 5, y también la intensidad. Cualquier cosa que haga lo hace con entrega. Y sentirse libre, ¿para qué? Pues para comprometerse con lo que tiene delante en cada momento. No puede dar al otro lo que no tiene, y cuanto más libre eres, más libertad le puedes dar al otro o a la circunstancia. También tiene que cuidar la medida de las cosas.

Hay tres números que tienen un desafío con el ego: el 1, el 5 y el 8. Cuando el 5 está trabajando en algo que le cuesta controlar, puede reducir el efecto del ego, y esto le ayuda a hacer su ego menos potente y, por tanto, a sentir más. Es un número exterior y le cuesta la parte interior. Los números que tienen dificultad con el ego es porque les cuesta la experiencia interior.

Hemos escogido encarnar en este planeta y lo hemos hecho por motivos muy elevados y con una meta, y la vas a cumplir. ¿Tú crees que los hijos de Dios son unos fracasados? Vas a llegar donde te has propuesto, y no hay manera de que no lo hagas. Ahora, puedes hacerlo a regañadientes o celebrar e ir bailando. El sufrimiento y el sentir son extremos de la misma cosa. Puedes sentir algo, pero si lo ignoras, entonces lo sufres. A los 5 les gustan los extremos porque tienen mucha energía, y también sentir las cosas fuertes.

Somos libres, pero nadie se lo cree. También son muy creativos y tienen variedad, les gusta hacer muchas cosas. Suelen ser muy nerviosos y lo disfrutan, porque en lo que más controlan es en lo que más nerviosos se ponen. En los ciclos 5 y en los años 5 las personas notan que se ponen más nerviosas, y eso ocurre cuando te resistes, porque en los años 5 tiene lugar una subida de energía.

La vida es insegura, y no pasa nada porque lo sea. Pero si es amistosa, ¿no te gustan las sorpresas? ¿Solo te gusta la rutina? Sí, te gustan las sorpresas, pero, ojo, solo las buenas sorpresas. Una sorpresa es una sorpresa, y no hay manera de saber lo que va a pasar de un momento a otro. Queremos controlar en lugar de apuntarnos a la vida y ver que todo está organizado.

6. Cuando la preparación se encuentra con la oportunidad - Responsabilidad creativa - Dejar que la intuición fluya - El mundo conspira contigo, te guía y te apoya, quiere lo mejor para ti, eres parte de lo mejor del mundo - La calidad de vida determina la cantidad - Vivir es una experiencia personal de amar y sentirse amado

El 6, sin ser completamente consciente, demuestra todos los principios para manifestar cosas. Es muy responsable, puede que el más responsable de los números. El 6 tiene suerte porque hace las cosas que son necesarias para crear y manifestar lo que quiere. Primero se apunta de corazón, se enamora y es responsable; en ese dar y en esa responsabilidad hay un compromiso, y las cosas se manifiestan rápidamente. También les gusta la calidad. Cuando ves la vida en términos de cualidades, ocurre la manifestación.

Los números 6 tienen un sentimiento de abandono, aunque no siempre conocen su causa u origen, porque no necesariamente han sido abandonados. Hay veces que sienten que son ellos los que han abandonado. En un caso o en otro, llevan ese sentimiento como si formara parte de su piel. Les suele empezar en el nacimiento, aunque no haya habido ningún trauma especial. En todos los nacimientos se produce un trauma, no existen nacimientos sin trauma porque es este el que te coloca en tu camino espiritual. Normalmente el nacimiento del número 6 puede ser fácil, pero cuando lo separan de la madre para lavarlo se siente abandonado, ya que por nueve meses estaba muy cómodo y todo estaba cubierto. Viene a vivir el amor y la comunicación, y empieza con el sentimiento de que no lo tiene. ¿Y a quién le interesa más el amor y la comunicación que a alguien que siente que lo ha perdido? El chiste es que el amor no es de dar y recibir, eso es economía y funciona en el supermercado, pero no en la vida. En la vida no se trata de dar y recibir, por mucho que tú quieras. Se trata de dar, y hay dos formas de dar: un dar pasivo y un dar activo. El dar activo lo conocemos, y el dar pasivo parece que es un recibir, pero también es un dar. Hay un refrán que dice que hasta el mendigo tiene que estirar la mano; eso es un dar pasivo. Lo que pasa con el 6 es que, como todo está cambiando, no puede dar amor aquí o allí. El movimiento natural de la vida produce lo que podemos llamar roturas emocionales, y los 6 suelen vivir traumas emocionales.

Tienen mucha suerte porque, cuando quieren hacer algo, dan dos pasos donde normalmente se requieren veinte, y a los dos pasos les ocurre un milagro de algún tipo. Uno se pregunta ¿cómo se puede tener buena suerte? Te voy a dar el secreto: cuando la preparación se encuentra con la oportunidad. La suerte es algo que uno puede desarrollar, y seguramente no lo has oído demasiado, ya que se cree que la suerte es otra cosa. Ahora, hay un nivel de suerte que yo llamo «el beso de Dios», y es cuando ocurre algo que ni te podías imaginar porque es tan extraordinario y tan único que en ese momento dices «eso es un beso de Dios». Si uno atiende las cosas en su vida y les da cariño relacionándose con ellas, entonces tendrá más suerte.

Al 6 le gusta aparentar que no tiene ego, pero tiene como una realeza, y eso es ego. El ego nunca se elimina del todo, se va haciendo más transparente, con el número que sea. No vas a eliminar la sombra, siempre que hay luz va a haber algo de sombra. El 6 quiere cuidar a las personas, a veces mete la pata hablando, pero no puede parar de hablar porque las cosas le salen de la boca, y eso incluye a los que están en los ciclos número 6. Son buenos psicólogos porque están conectados con su intuición.

Los 6 son muy responsables y se sienten demasiado apegados a su propia obra, les gusta identificarse con lo que hacen. La nube negra que tienen se debe a que siguen obsesionados con la responsabilidad, buscando explicaciones emocionales, normalmente basadas en el hecho de que no se sienten queridos. El abandono está detrás de muchas cosas que afectan al 6. Piensan que no los entendieron y los abandonaron. Se esconden en el armario y después dicen: «Me han dejado solo».

El 6 tiene el don de convencer. Por ejemplo, el número 3 puede tener una idea y el número 6 puede apreciar la idea y usarla para convencer a aquel a quien le vaya bien esa idea. Es como el número 3, pero en pulido. Es creativo y también científico, le gusta apuntar las cosas. Mantiene un vínculo con la familia y la casa, y hasta se preocupa de cosas que no ha vivido, «por si acaso». Es muy prevenido. Viene a vivir las cosas con suavidad y no para insistir. Suele ser una persona muy agradable con tendencia a tener muy buen gusto.

El 6 es un número de celebrar. Si separas los tres ciclos numerológicos (1-2-3), (4-5-6), (7-8-9), el último número de (4-5-6) es para celebrar la magia del proceso creativo en el mundo físico. El 1 inicia, el 2 da apoyo, el 3 crea una visión más amplia, el 4 da la forma, el 5 insufla vida y el 6, de cierta manera, termina el proceso de manifestar y crear la vida que tú quieres. En los números (7-8-9) se entra en otra dinámica, la de ver que eso ha sido una creación del mundo interior al exterior, porque la mente es una máquina de manifestar formas, entre otras cosas, de crear forma y espacio. Así que tienes el 7 de la mente, el 8 que crea espacios y el 9, que por fin se desapega de todo ese proceso. Los tres ciclos son distintos: el (1-2-3) es el ciclo de empezar; el 2, por ejemplo, se entrega de corazón como los niños. El (4-5-6) es un salto para jugar a mayores, son más de manifestación, de crear algo físicamente y de llevarlo a cierto nivel. Con el (7-8-9) se empieza el proceso de silencio, desapego y espacio. Son números que entran en los trabajos más mentales o menos materiales, no se implican tanto con el cuerpo. Todos nos implicamos con el cuerpo en muchas cosas, pero en este aspecto el número 7 tiene su enfoque con la mente, el 8 está más relacionado con el poder y con cómo se siente, y el 9 con el desapego y la instrucción, con el disfrute. Aunque todos los números viven lo que para ellos parece un trabajo, y a la vez es un desafío. Aquí estoy distinguiendo un poco entre el desafío y lo que yo llamo «el trabajo».

El número 6 tiene a la vez esa responsabilidad y esa celebración. Podría acelerar su despertar si abandonara su pasado, no de forma negativa, sino simplemente liberándose de su sentimiento de responsabilidad por el pasado. No hay que arreglar el pasado porque no se puede. Solo se puede vivir en el presente. Las personas que quieren arreglar el pasado se quedan atrapadas en el tiempo, y entonces el futuro no es el futuro, sino el pasado arreglado. Se dicen a sí mismas: «Esto no estaba bien, pero mañana lo voy a hacer mejor», y no están haciendo nada mejor, sino intentando lo imposible. El pasado ya está pasado.

Los 6 son expresivos, y es curioso porque de jóvenes suelen ser un poco tímidos; también pueden ser serios, aunque su naturaleza es la de expresarse de distintas maneras. Tienen tendencia a ser bastante tradicionales, les gusta la psicología y tener un diploma o algo que la sociedad reconozca. Además, ellos mismos se sorprenden porque no es un camino de sufrimiento, aunque si se lo dices a un número 6 no se lo cree. Los sufrimientos que tienen son emocionales y no tanto físicos o económicos. El número 6 jamás se va a ganar la vida de tal modo que se lo vaya a creer; puede hacerlo en términos egoístas, pero no en términos físicos. También puede hacer esfuerzos para tener el sentimiento de que se lo merece, porque siente que no. En realidad, nadie se lo merece; no te mereces absolutamente nada, ni lo bueno ni lo que te parece que no es tan bueno.

Los 6 no son buenos empresarios, aunque, si trabajan para una empresa, pueden ser genios, pero lo que les va es el trato con la gente y la creatividad.

7. La mente vacía - El valor del silencio - La elección de la meditación - Permitir que el corazón emerja - Entregarse - Mundos diferentes y mundos de diferencia - Hacer distinciones no es hacer juicios, hay un orden que podemos seguir - La mente determina límites y estructuras o crea una relación entre diferentes - El misterio se revela a través de la sencillez y el orden

El 7 es el número de la mente, tanto de la parte racional, que es una parte muy pequeña, como del resto de la mente, que es la parte más amplia. Si comparamos la mente con una playa, la parte racional o esa lógica que puede llegar a ser absurda son como cuatro granos de arena, que sí, son parte de la playa y tienen valor, pero hay mucha playa y otras posibilidades que no tienen que pasar por esa lógica tan limitada. Al principio de su vida, el 7 es discípulo de la lógica, pero se va enterando de que la lógica es absurda. La lógica te lleva por una calle que no tiene salida, y después por otra que tampoco la tiene. Eso le ha servido porque cuando salta a la otra parte de la mente y se conecta, se entera directamente de las cosas, y eso viene de golpe. Debe tener una manera de compartir eso de una forma más lineal. Así que todas esas calles lógicas que ha andado le sirven para establecer una conexión fragmentada, lo lineal siempre es un fragmento de las cosas. Uno percibe una habitación de golpe. Hay una diferencia cuando la empiezas a describir a trozos. La percepción es de golpe. San Juan de la Cruz habla del comienzo de la noche oscura del alma, que es un concepto muy bonito, aunque suena un poco terrorífico. Todos pasamos por esta noche oscura del alma, pero el número 7 la tiene que pasar casi por obligación. Es un tirarse al vacío, como nacer del otro lado de la playa, de la parte lógica a la más intuitiva.

Al 7 le gusta la inteligencia y la respeta, aunque cuando va de listo hace el tonto, así que debe tener mucho cuidado porque puede caer en una lógica de que lo sabe todo y es más listo que nadie. Prefiere morir antes que no tener la razón. Está mucho en la mente, en un juego de pimpón, sí, no, sí, no. Está seguro, pero quién sabe, ¿no? Viene a desarrollar y explorar la mente, y la mejor cosa que puede hacer es aceptar que no tiene mente, que lo que tiene es ego disfrazado de mente.

La mente es funcional y también fantástica, pero no debe ser la que mande. La zona del corazón tiene una energía electromagnética que es cinco mil veces más potente que la del cerebro. Es para llegar a saber que pones la atención donde tú quieres. El ser humano no necesita que le agreguen cosas, sino quitarlas para quedarse como un espacio vacío. Entonces, de esa esencia de la mente pueden surgir las ideas, y ahí está la inteligencia. Lo que llamamos la *inteligencia real* está más en el corazón. La mente y el corazón son como el perro y el rabo, parece que en el mundo es el rabo el que mueve al perro, pero no, es el perro el que mueve el rabo. Es el corazón el que da instrucciones a la mente. Hay cosas que hasta que no las vives son muy difíciles de entender. Todos tenemos mente, aunque es para imaginar que no, entonces podemos ver el tremendo poder que tiene esa relación entre el corazón y la mente. Muchas veces se relaciona la mente con el cerebro. El campo magnético del corazón es muchísimo más amplio que el electromagnético del cerebro. Así que todos los caminos llevan al corazón. Hay caminos que se llaman *del corazón* y otros *de la mente,* y uno no es mejor que el otro, solo tienen propósitos distintos. El poder no es de la mente, lo que hace la mente es crear formas y estructuras y las relaciona, y de ahí viene ese aspecto lógico. No existen problemas con la mente y el corazón. El desafío del número 7 es resolver el conflicto entre ambos. La mente es el instrumento del corazón, pero eso no indica que el camino de la mente no sea un camino válido y que no se pueda usar. El 7 puede ser muy distante, hasta el punto de que a él mismo le sabe mal, y entonces disfraza su mente de corazón y hace un esfuerzo para formar parte de la familia.

La mente tiene sentido cuando te das cuenta de que no existe. Es entonces cuando tienes mente, hasta entonces la mente te tiene a ti. La mente es ruidosa porque crea formas. Las formas se crean con intención y con sonido, pero la intención no tiene su origen en la mente, la tiene en la entrega. Uno se identifica y da poder a los pensamientos que le pasan por la mente. La mente es agresiva porque le gusta ganar. El pensar paraliza, y muchas veces se hace para no escoger y no actuar, y para no jugársela, recreándose con el pensamiento y quedándose ahí y sin moverse. El camino de la mente puede ser muy bonito, pero es el camino del silencio, de la soledad, de la meditación, de la respiración consciente, del intento y del escoger. Las personas en el camino de la mente tienen mucha capacidad en el mundo, son magos, aunque no entienden su varita mágica. Cuando actúan lo hacen al máximo, y después se frustran porque el otro nunca está a su nivel y les parece que los demás son estúpidos. La mente es muy engañosa.

Los 7 suelen ser fanáticos y se apuntan a las cosas con fanatismo, aunque si son persistentes y se mantienen en algo pueden tener mucho éxito, pero si vacilan un poco en su compromiso y si el compromiso es solamente de cabeza y no de corazón, entonces a la semana siguiente vuelven a ser igual de fanáticos con otra cosa, y así semana tras semana. Como es el número de la mente y la mente es agresiva, si una persona número 7 canaliza creativamente la agresividad, es imparable, pero si solo la usa para juzgar, entonces se hace daño, porque está juzgándose a sí mismo.

El número 7 tiene la capacidad de manifestar porque es de la mente de donde viene. Se trata de escuchar y crear. La mente no puede amar porque no es su función. El 7 tiene muchas opiniones sobre el amor, le gusta mucho el amor y es muy activo en el amor. Tiende a ser muy mental y puede ser muy fanático. Necesita conectar con el corazón para que ese fanatismo desaparezca. La esencia del número 7 son la mente y todos sus aspectos.

Los 7 son buenos estrategas, pero se creen que pensar las cosas es hacerlas, y no lo es, hay que actuar. Quieren convertir todo en una serie de estrategias porque debaten lo positivo y lo negativo y quieren que las cosas salgan perfectas, aunque ellos no sean perfeccionistas. Cuando uno debate interiormente están los dos aspectos de la mente: la parte racional y la creativa, y es cuando ocurre el debate entre la lógica y la intuición. Son personas que sirven para instruir y explicar cosas, y ahí entra la dificultad de juzgar, porque todo se convierte en un sí o en un no, y por consecuencia suelen tener un tremendo lío interior porque en cualquier cosa parecen estar buscando una estrategia.

También pueden sentir que no tienen suficiente dinero y puede parecer que tienen problemas con el dinero, y no necesariamente es que los tengan, aunque puede haber excepciones. Comienzan un juego de pimpón dentro de ellos que los desestabiliza y empiezan a pensar que si tuvieran más dinero podrían solucionar sus problemas, y eso no pasa. Tienen tendencia a la seguridad. Para el número 7 es esencial la respiración consciente y la meditación. La creatividad del número 7 se relaciona más con los inventos.

8. Disciplina - Preocupación - Aprender a administrar el poder de los demás - Militar - Financiero - Espiritual - Mental - Batalla con el ego en todos los frentes - Transformación: todo es potencialmente otra cosa - Saber en lo que se está convirtiendo y alinearse con ello - Hay espacio y cabida para todas las posibilidades, saber que así es inspira sus acciones adecuadas

El número 8 es el número de la transformación y de crear espacios para que otros los usen, por ejemplo, un análisis económico crea un espacio para que otro se pueda beneficiar de ello. Suelen ser militares, policías, banqueros y altos ejecutivos. Vienen a administrar poder y parece que lo tienen, pero es el poder del otro, y es para aprender cómo adquirir y usar el poder. Así que tienen poder porque están aprendiendo la administración del poder, pero lo que están administrando es el poder del otro, y si lo entienden pueden mantenerse más equilibrados; de lo contrario, lo que llaman su mente es realmente su ego que se ha puesto en su lugar, el mayordomo se ha quedado con la casa. Todos en nuestra vida de cierta manera estamos administrando poder. El 8 transforma la energía en instrumentos o eventos de poder. Tiene el desafío del ego porque administra poder y no necesariamente indica que es suyo porque está aprendiendo sobre él.

Los 8 pueden ser manipuladores. Se trata de que tomen responsabilidad sin meter la mano, de poder indirecto, porque cuanto más meten la mano, más meten la pata. Deben crear el espacio para el otro y venir desde una motivación de rico y no de pobre, porque, cuando van de pobres para aprovecharse, pueden meter la pata. Tienen que aprender que hay que darle a la persona la libertad de equivocarse.

Les gusta quejarse. El deporte nacional en España no es ni el fútbol ni los toros, es quejarse, y eso es tener mentalidad de pobre. La queja no sirve, más bien echa gasolina en el fuego y después no entiende cómo el fuego ha crecido. La mentalidad del rico significa que puede entender el problema muy rápido y empezar a buscar la solución. La mentalidad del pobre es echar la culpa al otro y quejarse y no buscar la solución. Es como el ejecutivo que administra por excepción y, si todo va bien, no dice nada, pero si algo sale mal proyecta la culpa en el otro. Quejarse es ir de pobre.

El número 8 no busca intimidad, prefiere su profesión, su carrera y hacer dinero, y el resto de las cosas le dan igual. Es para ser invisible y también que se sepa que está ahí, aunque te tienes que enterar de que está, porque no lo puedes ver. No es para hacer mucho esfuerzo, ya que si lo hace empieza la manipulación, y eso no le funciona.

El número 5 es una batería y el número 8 es el que pone el coche en marcha, sería como aplicar la energía en el mundo de la manifestación visible. La energía, cuando se convierte en fuerza, es cuando permite hacer algo; el que administra la fuerza o el poder es el número 8.

Es el director de orquesta y no toca ningún instrumento. Tampoco compone la música, sino que toma la música del otro y la dirige, y curiosamente es el primero que se lleva los aplausos, pero no es protagonista.

Los 8 suelen ser muy responsables. Hay diferencias entre los distintos tipos de 8; por ejemplo, un 35 es distinto a un 26 o a un 44. Es para manejar esos ingredientes y empezar a saborear los números.

El número 8 y el número 1 se atraen, porque el 8 le da espacio y libertad al 1, y el 1 le da al 8 lo nuevo, la inocencia, el carisma; el número 8 tiende a ser un poco serio, el número 1 ayuda al número 8 a soltar un poco esa seriedad.

El 8 se relaciona con la muerte y la regeneración, tiene la muerte como consejera y suele estar cerca de la muerte de distintas maneras, puede ser de amigos o de familiares. El desapego es un poco una muerte. Suele atraer a personas dependientes, y parte de la relación consiste en hacerlas independientes, aunque hay veces que el que se convierte en dependiente es el 8.

El número 8 tiende a ser más realizador que creativo. Imagina que hay dos tipos de personas en el mundo para darte una lente de percepción: los innovadores o visionarios y los realizadores. Los dos son igualmente importantes y cada proyecto los requiere a ambos, los que tienen ideas nuevas y los realizadores, que son los que pueden manifestar las cosas en el mundo, y no suelen ser la misma persona. Todas las personas tenemos un poco de las dos cosas, pero a un visionario le sirve más tener a un realizador y un realizador no necesariamente va a tener ideas creativas nuevas, aunque sí va a tener ideas creativas, pero solo en lo que respecta al modo de realización. Un director de orquesta que escoge la música no es Mozart, pero lo manifiesta para que otros lo puedan oír; lo curioso es que los visionarios quisieran poder manifestarlo. En general, el número 8 es realizador más que innovador, aunque puede haber excepciones. Las ideas que tiene el número 8 suelen derivar de una idea que ya tiene el otro, pero él sabe cómo hacerlo y llevarlo a cabo; sus ideas no son información nueva.

9. Ser espiritual en el mundo de la materia - El Ángel encarnado - Desapego de la materia - Elección basada en la calidad en lugar de en la cantidad - Celebrando lo completo en cada momento - La fiesta de buen viaje - En la vida todo es un juego si permitimos que lo sea... - Existen todos los gustos y todos los sabores.

Al número 9 lo que le toca son dos cosas: la fiesta de despedida y mirar hacia el futuro, aunque el futuro al que mira es el misterio, el espíritu. Es ponerse de espaldas al mundo y mirar el misterio. Es el único número al que me refiero como espiritual. No son los únicos espirituales, pero su trayectoria es mirar lo invisible y quedarse más con las posibilidades del presente hacia el futuro, y no del presente al pasado, que está muerto. Cuando se dice que algo está en tu pasado, sí y no, está en tu presente. Hay una parte de tu atención y de tu conciencia que está fragmentada y está colgada en tu pasado. Es una piedra en un saco de piedras que llevas contigo, así que no es el pasado, es ahora mismo, y tienes una parte que sigue insistiendo en que eso te afectó, y no es verdad. Ahora, lo más difícil de aceptar es que tenemos un cuerpo nuevo, se supone que, a cada instante, pero nadie puede asumirlo, así que yo digo que cada día, o cada semana; si te imaginas que cada lunes te despiertas y eres otra persona puedes adelantar mucho, es tan sencillo como eso. Sin embargo, uno dice: «No, te voy a enseñar mis cicatrices, estas son las personas que me han hecho daño —el saco de piedras—, este soy yo», y no es cierto, pero, si insistes, eso es lo que vas a vivir. El presente está fuera de tiempo, el presente es ahora, el tiempo es el pasado y el futuro. Es como la celebración de despedida de un viaje: se agradecen las personas que se han conocido, pero ahora toca otra cosa.

Los 9 no son prácticos, aunque creen que si lo son. Están mirando el espíritu, que no es algo que se pueda tocar o captar. Son buenos profesores porque, con independencia de lo que hablen, tienen una fuerza que hace que las personas los crean.

Cuanto más te desapegas de la materia, antes encuentras a Dios. El número 6 y el 9 son los números de la suerte, pero no siempre de la manera que ellos piensan que la deben tener. Muchos de los frutos del número 9 vienen de otras vidas y se manifiestan en esta vida. Suelen relacionarse con personas a las que ya conocieron en otras vidas.

El apego es un desafío tremendo para el 9. Viene a desapegarse de todo, y en ese proceso de desapego hay mucho ego. El desapego es la clave de la capacidad que tenemos de manifestar. La riqueza tiene como apodo el nombre de *desapego*. Dicen que Dios está en todas partes y en ninguna. Esa es la metáfora del desapego. El rechazo no es desapego. El desapego es un dar sin condiciones. Las personas que hacen donaciones anónimas muestran un desapego precioso. El desapego está detrás de todos los obstáculos que hay que sobrepasar. Cuando se habla del karma, se está haciendo a través de niveles sutiles del apego y del desapego. El desapego te abre puertas impresionantes, y en ese sentido es sano. También produce manifestaciones claras. Cuando hablo del desapego, me refiero a los frutos de tus esfuerzos. Me gusta dar el ejemplo del jardinero que disfruta de su jardín y se sorprende cuando ve los frutos porque vienen como una sorpresa. Y esto es igual: uno hace las cosas y sabe que hay un potencial que dará sus frutos, pero cuando llegan es una sorpresa.

Se heredan muchas cosas de los padres, que también le sirven a uno. Eso es lo que va a la sombra de tu propio número, así que entiendo por qué el primer nacimiento es de lágrimas, es como meterte en algo que ya de antemano sospechas que tiene desafíos, y sabiendo eso, te has metido a propósito porque esos padres son perfectos para ti. También puede ser que tus padres no te caigan bien. Cuando te das cuenta de que esos aspectos están ahí, entonces pones distancia y puedes decidir lo que escoges y lo que no escoges, y desde ahí lo puedes transformar a otros niveles que sí te alinean a un nivel más profundo con tu propio camino, sea cual sea.

El 9 tiende a ser muy perfeccionista y cree que todo debe ser exactamente como él piensa porque él sabe lo que es la perfección, pero no es así. No hay nadie más ignorante que el que no sabe que no sabe. El 9 tiene obsesión por el perfeccionismo, quiere hacer las cosas tan perfectas que se crea un problema. El ser humano siempre hace lo mejor que puede en el momento presente, y no se trata de que lo hayas hecho mejor que ayer, no, se trata de que es lo que puedes hacer en el momento. Cuando comparas algo con cómo lo hiciste ayer, estás construyendo una casa en el cementerio. Así que es para mirar lo invisible.

El número 9 viene a completar cosas y aprender del desapego. Es para vivir las cualidades, y no tanto las cantidades. No es para ser práctico, porque no hace falta. Es para enfocarse más en las cualidades; las cantidades se cuidan solas. No estoy diciendo que no haya que ser responsable, pero no hay que intentar buscar el jabón en la bañera, pues nunca se agarra, pero si te relajas viene solo. Precisamente viene a desapegarse de la materia y de asuntos materiales. Lo curioso es que el dinero no le viene con facilidad: puede ganar mucho dinero, pero no es materialista. Por ejemplo, puede estar en un mercadillo donde venden antigüedades, ver un cuadro viejo en malas condiciones y sentir el impulso de comprarlo porque quiere restaurarlo; cuando empieza a hacerlo se da cuenta de que hay otro cuadro debajo y se trata de un cuadro de Goya que vale una fortuna, pero no compró el cuadro con eso en mente. El número 9, cuando hace las cosas por motivos que no son materiales, deriva en aspectos más materiales, le sale la buena suerte. Es para transformar lo material a lo no material. Es la cosecha y la fiesta, el trabajo termina en el 8 y encima es el ejecutivo. El número 9 es para decir «qué bonito», es para montar una fiesta, jugar y volver a ser niño. Es como el número 1, pero en maduro, y para eso la persona mayor tiene que transmutarse en un proceso alquímico.

Viene aquí a celebrar y a disfrutar de las circunstancias para desapegarse poco a poco de todas las etiquetas, y este es un buen consejo para todos, ya que tenemos todos los números. El desapego es, básicamente, de todas las etiquetas: que eres español, que eres mujer u hombre, que eres universitario; tú eres más que todo eso, ya que solo son cosas que tú has hecho o que haces. No somos esas etiquetas. Es como el final de un camino, vamos a decir que han vivido los otros números del 1 al 8 en una gama de vidas y están al final de ese punto, traen con ellos ciertos conocimientos que ni ellos saben de dónde vienen.

El número 9 no solamente es de desapego, también es de celebrar, de cosechar. Cuando comes una manzana, dejas al descubierto las semillas para la próxima plantación, así que en lo que uno celebra ya está preparando la siguiente serie de encarnaciones. El 9 viene a vivir el desapego de la materia, no el rechazo. Lo que es espiritual es la conciencia, y es para ser consciente de las cosas. Tiene la posibilidad de ver en tres dimensiones, sí, la vida es amistosa y te apoya.

Cuando el número 9 tiene el 0 en uno de los ciclos en los desafíos, por fin suelta la prepotencia que lleva, y no siempre el otro se da cuenta, pero está ahí. El número 9 es el único con el que hablo de la palabra *espiritual*, porque es ahí donde vamos todos a mirar el misterio de la vida. El 9 viene a desapegarse de lo visible para conectar con lo invisible y apuntarse a lo invisible, a lo que está por crear. Estamos inmersos en un océano de creatividad y comunicación. Creemos que el pasado es más real, pero no lo es; tú no sabes qué es tu pasado, puedes conocer algunas fechas, pero es como en una playa grande, que conoces un grano o dos de arena.

Estamos en este planeta Tierra para vivir una aventura, pero la aventura solo se llama *aventura* después; cuando estás en el proceso no es una aventura, ya que lo estás pasando con incomodidades.

Los números maestros, como el 11 y el 22, no son algo que tú declaras, es más como los otros te ven y te van a conocer a través de tus obras. Los eventos los puedes nombrar como 11 y 22. Por ejemplo, la teoría de Albert

Einstein, un 11 visionario, y el 22 la bomba atómica, algo físico que cambió el mundo. Estos números maestros indican posibilidades de visión y manifestación. Y se pueden realizar o no y, aunque no se realicen, si no te lo reconocen, es lo mismo, y si te lo reconocen, perfecto. Pero lo que importa es tu vida, que es el misterio más importante. Puedes agradecer a muchas personas y reconocer que has tenido maestros que te han servido, pero las decisiones de seguir las enseñanzas las tomas tú.

EL NÚMERO DE PROPÓSITO DE VIDA

Primero vamos a adentrarnos en el propósito de vida. El número del propósito de vida es lo que te conecta con tu camino espiritual, el contexto de la vida de cada persona es lo que podemos llamar el *camino espiritual*. Todo lo que se relaciona con las enfermedades depende de cómo estás alineado con tu camino espiritual. Tiene valor saber que cuando uno nace comienza en un estado bruto y no se trata de identificarse con eso, pero sí de reconocerlo. Es como reconocer que tienes la cara sucia: eso no es decir que seas una persona sucia, hay una diferencia, y si tienes la cara sucia, puedes limpiarte, eso te da una gran ventaja. Tu número de propósito de vida es lo que vienes a desarrollar.

El número de propósito de vida es como una esencia. Imagina que solo conoces a nueve personas en tu vida a nivel esencia. Cuando conoces su esencia, eso permite que te relaciones con ellas de esencia a esencia, creando el espacio para que las diferentes variedades que nos hacen únicos se puedan incluir y permitir. Tu número de propósito de vida es tu esencia y el que más te permite conocer tu esencia y aceptarte a ti mismo, autoaceptación que de cierta manera es la meta de todos los caminos espirituales; eso permite que puedas relacionarte con las personas de esencia a esencia, porque ya estás conectado con tu esencia y vas a ver esa esencia reflejada en el otro, al igual que otros aspectos que el otro te puede reflejar, tanto positivos como negativos.

La suma de los dígitos de tu mes, día y año de nacimiento da como resultado tu propósito de vida. Ahora no lo vamos a reducir a un dígito.

Mes		Día		Año	
1	+	2 + 5	+	1 + 9 + 6 + 6	= 48

El primer número del resultado, el 4, es el aspecto interior, y el 8, el exterior, lo visible y como te ven los demás. Esto te indica cómo la energía 3 ($48 = 4 + 8 = 12$; $1 + 2 = 3$) del propósito de vida se observa o se siente en el mundo como un 4 interior y un 8 exterior.

Así que la energía 3 del propósito de vida, en este ejemplo, vendría del número 4 y del 8, que sería muy diferente si fuera de un 57 o del 30 o de un 21 o de un 12. Esta información es valiosa para uno porque no solamente da otro punto de percepción sobre el número de propósito de vida, sino que también da una pista de cómo con ese número te están percibiendo en el mundo, lo que dices tú en silencio más que con las palabras.

El día en que naces, por ejemplo, un día 24 (2 + 4 = 6), que está hecho por un 2 y un 4, es como los demás te ven. En este caso te ven como un número 6 hecho de un 4 por fuera, organizado y con una conexión del interior. El 4 sería la parte más externa de esa visión que tienen de ti, y el 2 la parte más interior de cómo te ven.

Cuando tienes esta imagen, puedes entender que tu vida desde el principio ya te daba pistas sobre ello, aunque en ese momento no te dabas cuenta, pero ahora notas que hay ciertas cosas que creías que eran desagradables y que, sin embargo, no lo eran, sino que fueron semillas que hicieron posibles otras experiencias en tu vida, y eso es muy inspirador y excitante y también para celebrar.

En el número de propósito de vida hay dos cosas: una de ellas es la parte más abstracta y los valores que se relacionan contigo, y también cómo uno lo manifiesta en el mundo visible. Ahora, lo que está dirigiendo eso son los dones y los desafíos, además del número kármico.

Para esta operación sí lo vamos a reducir a un solo dígito; por ejemplo, el mes 1, el día 25 (2 + 5), que se reduce a 7, y el año 1966 (1 + 9 + 6 + 6 = 22; 2 + 2 = 4).

Mes		Día		Año		
1	+	25	+	1 + 9 + 6 + 6	=	48
1	+	7	+	4	=	12 (1 + 2 = 3)

La suma total sería el número de propósito de vida, en este caso, 3.

EL AÑO EMOCIONAL

Tu número emocional es cómo vives lo que haces. Para mí el número del año emocional es el segundo más importante después del número de propósito de vida, porque es lo que vives en este mundo de emociones y de sentir. Fundamentalmente, es el año emocional en el que te encuentras, y lo vives a través de ciertas lentes, como el número de propósito de vida y del desafío del ciclo en el que te encuentras. Todo eso se está moviendo. Hay que saber que esta vida es dinámica, siempre están ocurriendo cambios, que pueden ser pequeños, aunque no por ello menos importantes. Una semilla de mostaza es muy pequeña y hace un arbusto grande. Muchas de las cosas que nos ocurren son como la semilla de mostaza. Cuanto más consciente seas de los acontecimientos que ocurren en tu vida, más conexiones podrás hacer que tengan sentido para ti, y eso es lo que importa, que tengan sentido para ti.

El año emocional sirve para que te plantees desde dónde estás respondiendo, si es desde un hábito viejo o quién sabe, si hay algo que tú puedes hacer, y que lo hagas. Acuérdate de que tus desafíos son para que vivas tu vida, y no necesariamente estar a los efectos de los que te rodean en tu entorno.

Este es un planeta de sentir, y en un año emocional lo que tú sientes se relaciona con ese número; por ejemplo, en un año emocional número 9 se terminan cosas con la necesidad y el proceso de desapegarse de ellas y de mirar hacia delante, aunque creas que no sabes adónde vas. Pero también hay celebración. En el año emocional no solamente se viven los desafíos, también consiste en cómo te sientes ese año.

El número emocional es el resultado del cálculo de tu número de propósito de vida y del año actual. Por ejemplo, si el número de propósito de vida es un 3, se suma al año en el que escribimos esto, 2023.

3 *(propósito de vida)* + 2 + 0 + 2 + 3 *(año actual)* = 10
(se reduce a un dígito) = 1 + 0 = 1

Estamos aquí para sentir, escuchar y dar en un planeta de agua. Con la numerología puedes aprender a vivir más las cualidades que las cantidades, lo invisible más que lo visible. Lo que uno vive en este mundo de emociones y de sentir fundamentalmente es el año emocional en el que se encuentra. Ahora, lo vives a través de ciertas lentes, como la lente de tu propósito de vida y del desafío del ciclo en que te encuentras en estos momentos en tu vida, pero también dentro del número del año emocional. Es sencillo, pero no es fácil, porque todos estos números están en movimiento y puedes ver cómo un ingrediente y el otro están ahí y te pueden llevar más y más dentro de ti mismo, que es de lo que se trata, de ir más de lo visible a lo invisible.

Un año emocional número 8 (si consideramos, por ejemplo, el año 2 + 0 + 2 + 4 = 8) es para todo el mundo así; ese sería el marco o el escenario. Este es un año de transformación, así que, como marco, los años emocionales número 8 son muy intensos. Por ejemplo, si de propósito de vida eres un número 4 y lo sumas al año emocional ocho: 8 + 4 = 12; 1 + 2 = 3. El año emocional más intenso de todos es el número 3. Es el movimiento entre el interior y el exterior y de andar por la cuerda floja, eso es lo que le da esa intensidad. Las personas con un número 5 de propósito de vida en un año emocional 3 pueden vivir esa intensidad como un movimiento fuera de control. La vida no se puede controlar, no se puede controlar el pensamiento de los demás; si lo aceptas, te relajas. Para una persona número 5, aceptar eso es un desafío. El número 5 es movimiento fuera de control.

Para el número 3, si el año suma 8, se encuentra en un

año emocional 2 (2 + 0 + 2 + 4 = 8 + 3 = 11; 1 + 1 = 2), que es para hacer respiración consciente y meditación, conectar con el interior y arriesgar la intuición. Hay ciertos números que van muy bien juntos y otros no tanto, por ejemplo, el número 2 y el 3 energéticamente se desafían. El número 2 es interior y se engancha en lo exterior. El número 3 es interior y exterior y depende de en qué situación esté, ya que es mejor cuando es interior. Es ahí donde está el posible conflicto entre el número 2 y el 3, porque los dos quieren manifestar cosas en el mundo, solo que lo hacen de distintas maneras.

En diferentes épocas de la vida hay cierto tipo de acontecimientos que no notamos o entendemos, y otros en los que hay una llamada de atención y empiezas a notar lo que antes parecía que aceptabas sin pensar. Si estás en un año emocional número 1 y también coincide con el ciclo de desafío 1, puede ser que notes esa llamada de atención. El número 1 no quiere que lo manchen y le cuesta escuchar, cree que su creatividad tiene que ocurrir dentro de su cabeza, y si todos somos un espejo de cada uno, ¿por qué una idea tuya no puede estar reflejada en la boca de otro? No confundas escuchar con hacer caso. Hay veces que una persona te dice: «No me haces caso», pero escuchar no implica que tenga que hacer lo que me estás recomendando.

Cuando el número de propósito de vida es el 8, y en su ciclo de desafío tiene un número 4 y está en un año emocional número 7, esa parte bruta, o la sombra de esta combinación de números, provoca una tentación de juzgar más de lo habitual. El número 8 juzga demasiado y, además, va a tener la razón, que es peor, porque cada vez que tienes la razón tu ego se hincha más: «Ya lo sabía», sobre todo en asuntos de trabajo y de familia; las personas en tu trabajo son como tu familia porque pasas más horas con ellas que en tu casa.

Con el número de propósito de vida número 5 y también en el ciclo del desafío 5 y el año emocional actual 4, en esta combinación de números es posible que la persona se quede quieta sin necesidad de que la aten. Es para relajarse. Lo curioso es que la actividad relaja, pero es para hacer una actividad completamente diferente; no se trata de hacer cosas y parar, sino de hacer una cosa y, a continuación, hacer algo muy diferente, y eso relaja.

Lo que uno vive es su año emocional a través de su número de propósito de vida. En el año emocional se tienen aspectos de desafíos, como dones o talentos. Lo que vives es el desafío del año, y también se basa en el ciclo general en que te encuentras.

EL AÑO FÍSICO Y CÓMO TE VEN

El año físico es el que se manifiesta físicamente.

Ahora estamos hablando de cosas más visibles. El mes hay que mirarlo como un escenario en el que naces, dependiendo del número. Por ejemplo, el mes de febrero, que es un número 2, es de apoyo y de las relaciones de persona a persona, físicamente. El día en que naces es cómo te ven: si naces un día 9, te ven con las características o la esencia del número 9.

El año físico está compuesto por el día y el mes en que naces y el año corriente (en este ejemplo para el año actual estamos usando 2023), reducido a un dígito.

Mes de naci-miento		Día de naci-miento		Año actual		
2	+	9	+	2 + 0 + 2 + 3	=	18 (1 + 8 = 9)

El año físico es lo que es visible en tu vida en ese año. Tu mundo material refleja aspectos del número que corresponda. Es el escenario físico donde vives tu año emocional.

LOS AÑOS EMOCIONALES

Año emocional número 1

Es muy interesante porque empieza sin que se quieran hacer cosas nuevas, ya que aún no se ha terminado con el año 9. No es que le ocurra a todo el mundo, pero sí a una gran cantidad de personas. Empiezas con pocas ganas, aunque después algo ocurre y es como un tren que empieza a moverse poco a poco y que va cogiendo velocidad. Entonces notas que algo te apetece y te apuntas, y no solo a actividades nuevas, porque puedes notar que ya no ves de la misma manera lo que hacías, y eso es lo más importante, ya que lo has incluido en tu vida. Puede que haya algunas cosas completamente nuevas, y todas ellas requieren un punto de vista nuevo. También puede que notes lo viejo, y eso es porque aún no has captado lo nuevo y sientes que te falta algo hasta que decides que eso ya se acabó, o puedes ver que algo ha cambiado, solo que no lo estabas viendo de la manera apropiada.

Es un año de locura y de probar lo que sea sin pensarlo. Piensas cuando te pones en algo; por ejemplo, cuando haces una visualización creativa. Pensar es hacerte una imagen y poner tu atención en esa imagen, eso sí se puede manifestar. Cuando dicen que los pensamientos crean realidades es cierto, porque la energía sigue el pensamiento. Cuando digo que es para hacer locuras, es para vivir «a ver qué pasa», es un acto nuevo que recomiendo a todos, el desafío consciente, y no hay desafío más divertido y aparentemente arriesgado que el desafío consciente.

El riesgo es muy importante. Un año emocional 1 es para apuntarse al riesgo. El ego está muy a flor de piel, sobre todo en lo que respecta a cualquier cosa que parezca que se trata de ti, porque lo tomas de forma personal.

También puede subir un nuevo interés por la antigüedad; de pronto encuentras interesantes a los mayas y los egipcios, por ejemplo.

Año emocional número 2

Es un año muy interior y las relaciones están muy marcadas. Pueden producirse ciertas situaciones con la pareja o en relaciones muy cercanas: por ejemplo, las relaciones de convivencia son como dos coches que van cada uno por su carril, pero juntos en paralelo, y puede llegar un momento en que haya una bifurcación y muchas veces ni lo notes. Cuando ocurre eso, una persona está mirando un mundo y la otra persona otro mundo, y parece que no se pueden comunicar; creen que están en el mismo mundo, pero no lo están, y no se entienden. Para cada uno tiene sentido lo que está viendo y lo que está diciendo, pero no sabe lo que está viendo el otro, hasta que por fin hay una separación, que puede pasar de distintas maneras.

En un año emocional 2 vas a notar cómo tu fuerza se pone a prueba y la exigencia o necesidad de apoyar al otro o a otra cosa. Puede haber dificultad con los ojos. También puedes notar que la intuición está más presente y que hay un cambio en los sueños.

Con el número 3 hay dos tipos de personas, unos que tiran más hacia fuera y otros que tiran hacia dentro. Los que tiran hacia dentro tienen menos problemas con el año emocional número 2; siempre hay desafíos, pero los que tiran hacia fuera en un año emocional número 2 sí pueden tener muchos obstáculos, porque quieren hacerlo exteriormente cuando se debe hacer hacia el interior; a veces parece que hacer algo hacia el interior no es hacer nada, pero no, ahí es a donde se hacen las cosas, el resto es una proyección. El número 3 es un poco bruto, y es porque la parte creativa empieza con el petróleo antes de ser refinado. En ese punto, si uno lo expresa de una manera u otra directa o indirectamente, puede ser bruto, pero si esperas un poco, sucede de otra manera. Por ejemplo, cuando dos personas se separan, los dos quieren la separación, pero uno se entera primero, y es probable que sea el que la inicia, aunque la bifurcación les ocurrió a los dos a la vez. Hay veces que vuelven a unirse, y será de una forma nueva.

Año emocional número 3

Para mí el año emocional 3 puede ser el más intenso de todos los años emocionales, y es por el hecho de estar dentro y fuera, porque, aunque todo está en movimiento, tenemos una resistencia. No hay nada seguro en el mundo y, sin embargo, todo el mundo busca seguridad. Los años emocionales 3 son como una montaña rusa, y eso le cuesta a la mayoría de las personas. Con ello me refiero a que puede tratarse de cosas muy antiguas, cosas que aún quedaban guardadas y suben a la superficie. Pero también está la otra parte, donde la creatividad y la intuición pueden estar muy activas.

Son buenos momentos para apuntarte a proyectos creativos y, sobre todo, para no creerte tanto esta película. Es bueno acordarse de la anécdota del rey al que le dieron un anillo muy valioso y reunió a los sabios de su reino. El rey dio el anillo a los sabios y les dijo que quería una inscripción que le sirviera en los momentos de gran felicidad y también de grandes depresiones. Los envió a un gran palacio que tenía en el bosque y les dijo que no volvieran hasta que la tuvieran. Pasado un tiempo volvieron y le entregaron el anillo. Lo que decía es: «Esto también pasará». Con el año emocional 3 acuérdate de que también pasará, porque notarás subidas y bajadas.

El número 3 es el dueño del miedo, y los miedos también pueden ser de origen emocional; puedes notar que no puedes controlar los acontecimientos que te suceden y que esto te da miedo. Acuérdate de que esto también pasará. El miedo no es algo a lo que temer, ya que es fuerza creativa de forma bruta. Lo que se necesita es decir que sí al miedo y transformarlo, pues las personas se quedan con el impacto de esa fuerza bruta. Imagina que es como cuando explota el pozo de petróleo y todo se ensucia, pero lo que se está viendo son los dólares que caen del cielo. No hay que quedarse con el impacto ni con el susto, y es por eso por lo que lo llaman *susto*, porque no pasó nada, ya que si pasara algo lo llamarían de otra manera.

Año emocional número 4

La familia es la clave. Se habla del planeta Tierra y la humanidad como de una familia, y yo creo que es cierto. En un año emocional 4 puede haber desafíos con la familia y también grandes alegrías familiares. Podría morirse un familiar. Y podrían surgir problemas con las herencias. El tema de la familia se intensifica. Básicamente es la Tierra, así que en un año emocional 4 te apetece comer más alimentos orgánicos, ser más ecológico. Cambiar de casa. Muchas veces hay separaciones de parejas, aunque también es posible que ocurran en el año emocional 5, en que se produce una liberación, pero el duelo ocurre en el año emocional 4 o bastante antes. También pueden surgir asuntos legales. Y todo lo que se relaciona con el cuerpo físico. El año 4 consiste sobre todo en cosas muy físicas.

Año emocional número 5

Hay mucha actividad, y es curioso porque el número 5 lo quiere hacer todo él. En un año emocional número 5 parece que todo lo tienes que hacer tú mismo. Un número 5 kármico lo hace a través de otras personas, son distintas formas de manifestar los números.

La libertad es lo más dulce que hay, y a la vez lo más terrorífico. El año emocional 5 es así. Pueden ocurrir cosas fantásticas con las que uno dice «por fin, qué bien». Y por otro lado puedes sentir que no acaba nunca y te parece que siempre te toca a ti. La energía del 5 se pone a prueba. Vas a notar que en un año emocional 5 se presenta algo que afecta directamente a tu energía, por ejemplo, un proyecto en el que estás implicado que, si antes te pedía cinco, ahora te pide quince.

Podría haber dificultad con las manos o un exceso de uso de las manos. También podrías tener ganas de escaparte, como sentir que no acabas nunca y que quieres tomar un avión para ir al Caribe. Al 5 le gusta la variedad, y en un año emocional 5 puedes pensar que has estado equivocado y que ahora quieres algo completamente diferente. No digo que la idea no esté bien, sino que la reflexiones un poco. El número 5 tiende a moverse antes que piensa, porque piensa en acción; no es que esto sea malo, solo que puede meter la pata y dar palos a ciegas. Como nada pasa hasta que algo no se mueve, es mejor moverse, aunque te equivoques.

También pueden surgir dificultades con el sistema circulatorio o relacionados con la sangre, o se puede presenciar un accidente de coche y ver a alguien sangrando. Gestionar la libertad significa aceptarla, porque eso indica que ya la tienes; es como decir: «Tengo que gestionar el dinero que tengo en el banco». Nacemos libres. Ahora ten claro que uno es libre, pero no siempre tiene libertad para algo. Un prisionero puede pensar lo que quiera y en eso es libre, pero no tiene la libertad para salir y hacer algo sobre lo que piensa. Así que se trata de aceptar que eres libre y apuntarte a la libertad para lo que tú quieras.

La mayoría de las personas no saben lo que les apetece porque toda su vida otras personas les han dicho lo que les debe de gustar y lo que está bien, así que uno está programado de esa manera y debe desprogramarse. Por eso digo que no se trata de que te agreguen más cosas, sino de que quites toda esa programación y desaprendas toda la mala educación que ha ocurrido desde tu nacimiento, desde tu familia, las escuelas, las iglesias, los gobiernos y el entorno, para llegar al punto de quién eres hoy y para qué estás hoy, y qué te apetece realmente hoy.

Año emocional número 6

El mayor desafío del número 6 es el abandono, y en el año emocional 6 se puede sentir que uno abandona o que es abandonado. El abandono es una expectativa y yo sé que entiendes la palabra *expectativa*, aunque no es fácil entender lo que estoy diciendo porque una palabra como *abandono* puede aparecer en cualquier circunstancia y a base de tus expectativas. Por ejemplo, vas a un hotel y te diriges a la recepción para pedir que te den la clave del wifi, y te dicen que es de pago; eso te parece un engaño porque el hotel anunciaba que tenía wifi y casi todos los hoteles lo tienen gratis. Es un ejemplo de cómo uno puede sentirse no solo defraudado, sino también abandonado o no cuidado como se espera serlo en un hotel.

Es un año de suerte, también es cuando uno empieza a tomar responsabilidades, y al principio parece duro. Pueden ocurrir cosas con mascotas: se puede morir una mascota o puede ser que uno adquiera una mascota, como un perro o un gato. La profesión puede cambiar radicalmente por distintos motivos. Y claro, la comunicación va con este año emocional número 6. Pero lo más significativo está en la responsabilidad, puede cambiar completamente el nivel de responsabilidad o su sentido; por ejemplo, puede presentarse una circunstancia en la que tengas que ser responsable, aunque parece que no lo pediste.

Habrá cambio de mundos, como viajes y movimiento. Podría haber también cambios de dieta. La mente es una máquina de manifestación, no es inteligente; yo sé que eso es lo que te han contado, pero la inteligencia es otra cosa. La mente está mejor cuando hay silencio y puede entender las órdenes que vienen de esa parte que siente el corazón, de la parte creativa. El mundo en sí es creativo, aunque aparenta que estamos separados, y esa es parte de la paradoja, pero empieza interiormente y se manifiesta en el mundo exterior. Por ejemplo, uno lo puede vivir en un viaje que tiene previsto hacer.

El número 7 es el número de la mente. Los 7 tienen un ramalazo de fanáticos, y es importante que lo reconozcan. La mente es como el juego de pimpón: esto es bueno, esto es malo. Es agresiva porque no es mente, sino ego. Hasta que no llegues a ese estado de «no mente», la mente es agresiva, y eso es algo que vas a notar en un año emocional número 7, que los acontecimientos o son muy malos o muy buenos, o quién sabe si tienen la posibilidad de destapar una inseguridad tremenda. En un año emocional número 7 te puedes sentir muy inseguro. Es un año en el que la práctica espiritual personal es el remedio. Es para respirar conscientemente, meditar y organizar tu día por escrito y mantener tus espacios limpios. Vivir de una manera organizada desde tu punto de vista y no preocuparte tanto por el otro.

Puede ser un año para conectar con el equilibrio. Este juego de pimpón se puede ver como el péndulo que va de un lado a otro; cuando el péndulo se queda quieto, no es que no haya movimiento, pero no te sientes fuera de sitio y puedes alcanzar una calma y una tremenda paz. El número 7 se distrae muy fácilmente, aunque en un año emocional 7 no es para sentirse muy distraído. A veces puedes decir que cambias de opinión, pero lo que pasa, básicamente, es que estás distraído, y en un año emocional 7 puedes estar menos distraído, o bien al contrario, puede ocurrir que estés extremadamente distraído. Tú crees que piensas, pero es otra cosa, ya que pensar no consiste en lo que pasa por tu mente, eso es distracción. Cuando te pones a pensar en si haces esto o aquello, entonces entra otro pensamiento y si no lo haces se produce parálisis, así que eso no es pensar, sino estar colgado. Ahora, uno puede escoger algo, y ese proceso de escoger produce miedo o temor, destapando la inseguridad. El número 7 puede ser muy creativo, sabe mucho, pero hace poco, y eso ocurre porque se paraliza.

Cuando el número 7 se centra más en el corazón se vuelve más inteligente, y es curioso porque se cree inteligente, pero en verdad es otra cosa, y en un año emocional número 7 puede llegar a encontrar la inteligencia real. Hasta en el trabajo interior hay que actuar con mucho compromiso, y no se trata de no hacer nada, sino de que te escuches de manera muy consciente, y eso te lleva a que para ti tenga un sentido, la «inteligencia real», si quieres llamarlo así.

Hay veces en que en las relaciones familiares se enfrentan problemas, porque no se viven como parece que el resto lo hace. Aunque parezca muy desapegado exteriormente y los demás le pueden decir que no se preocupa por la familia, en un año emocional número 7 pueden surgir asuntos familiares.

Año emocional número 8

Puede ser un buen año económico. También para atraer a personas que quieren depender de ti y poder darles el espacio para que dejen de hacerlo.

Es un número de administrar poder, pero es el poder del otro, por eso, como hemos dicho, los 8 suelen ser policías, banqueros, militares o curas. Además, ahora se pueden enterar de lo que han aprendido en ese proceso. También de que no saben, y darse cuenta de eso sí es el principio de la sabiduría. El número 8 tiene la tendencia de creer que sabe. En un año emocional 8 pudiera surgir ese movimiento que lo lleva a uno a saber que no sabe, que la taza se vacía y eso es lo que hace posible llenarla de algo nuevo. De ser nuevo y de poder administrar quién eres hoy de otra manera. Entonces se produce ese gran momento. Es un año en el que la transformación a tu alrededor puede ser sorprendente, y parece que ocurren las cosas con el pensamiento.

También puede haber momentos en los que observas las tragedias de otras personas como un desapego y no con un sentimiento de manipulación. El 8 es un número que tiene que pasar por ese periodo de manipulación, y ahora lo puede hacer teniendo una vivencia no manipulativa, de observar las cosas sin tener que meter la mano y de saber que la observación cambia lo observado. Así que el poder que emana de ti tiene más fuerza de lo que te imaginas, y el año emocional 8 es un periodo en el que lo puedes lograr. Puede ser una etapa de muchos beneficios que pueden ser materiales o no, en la que te sientes enriquecido. También puede haber pérdidas de personas cercanas.

Con el ego es mejor no entrar en polémica porque siempre pierdes, simplemente apúntate a lo que quieres. Es como querer soltar algo. Algunos dicen: «Voy a dejar de fumar», no se trata de dejar nada, ya que tú no naciste fumando y puedes volver a ser un no fumador. Apúntate a algo y deja de aguantar el ego, porque aguantas el ego y solo hay que dejar de aguantar, y la manera de hacerlo es apuntándote a otra cosa. Cuando profundizas en ti mismo, al principio el ego hace mucho ruido, pero conforme profundizas en ti y exploras el interior, más baja el tono de voz del ego. No te hagas la vida difícil, porque los desafíos van a venir igual.

En un año emocional 8, alguien que tiene de propósito de vida el número 9 puede recoger los frutos de otras cosas que ha hecho.

Año emocional número 9

Es un año de completar, de cosechar trabajos que has hecho antes y de mirar a lo nuevo, aunque puedes celebrar lo viejo porque ya lo has cosechado, pero es para empezar a mirar de frente; es como la fiesta de despedida.

El número 9 viene a desapegarse, y el desapego en un año emocional 9, si además coincide con que tu número de propósito de vida es 9, es muy probable que se cumpla, sobre todo si es un desapego consciente, aunque, si no lo es, igualmente va a ocurrir, y quién sabe si no de la misma manera y no de forma tan agradable. Imagina que la clave para el 9 es el desapego de asuntos materiales. Puede ser de estructuras que están funcionando, como el empleo, las relaciones que tienes, o muertes. Si es de manera consciente, puede estar bien, y si no lo es, puede costarte.

El 9 es un número que apoya a otros números. En este año 9 ese apoyo se va a incrementar, o por lo menos va a parecerlo. Es curioso, porque un 9 de propósito de vida y en un año emocional 9 suele celebrar cosas bastante pequeñas y a la misma vez muy sutiles; posiblemente antes ni las habría notado y ahora puede ser más sensible. Es como decir que ahora es más sensible a la sonrisa de un niño, ahora hay un disfrute y una celebración silenciosa.

Con el número 9 es como un viaje de despedida y alegría, y eso es lo que ocurre en un entorno que viene a despedirse, y también la fiesta, sobre todo si es en tu honor. Así que imagínate pequeños momentos de celebración que están ocurriendo. También puede haber pérdidas por robo o asuntos legales. Los robos suelen ser cosas que uno necesitaba poner en el mundo de cierta manera, o que te estimulan para que te des cuenta de algo, no es para ir de víctima. Por supuesto que no es agradable que te roben, pero básicamente te empuja a que te enteres de algo; por ejemplo, algo que tú no ponías en el mundo y que quería estar ahí, y entonces alguien viene y lo lleva al mundo. Siempre es bueno acordarte de que naciste desnudo y así te irás.

Cuando la persona vive el quién es hoy, por consecuencia y no por acción directa, ocurre el desapego. Por ejemplo, si yo estoy aquí, ya no estoy allí, y eso requiere quedarse aquí en términos emocionales. Si se produce el desapego de una pareja que ha estado junta diez o quince años, ese proceso puede llevar un tiempo. Pero es uno quien sigue poniendo la atención en eso, quien controla su propia atención, y no es que no pueda dejar de pensar en la otra persona, sino que no está pensando lo suficiente en quién es hoy y para qué está hoy, y poco a poco el desapego ocurre solo. No es que se olvide a las personas, sino que se produce un movimiento emocional al acordarse, y eso es el desapego. El desapego te hace más íntimo y no menos íntimo. Imagina que el apego es ponerte la mano en los ojos y no ves la mano, pero si retiras la mano, la puedes ver y tienes una relación, eso es el desapego. El apego se produce con algo que ya existe o existió.

Los años 9 son intensos porque el 9 no cambia a otro número, y tu número de propósito de vida se multiplica. Es como si subes la intensidad de la luz y ves cosas que no veías antes, aunque también ves las manchas. Acontecimientos del pasado vuelven en un año 9, como amigos o asuntos que vienen de antes. Globalmente es un año de mucha intensidad y confusión. Para la mayoría de las personas, la intensidad es algo malo, pero no lo es, es solo más intenso. También puedes estar intensamente alegre. Es un año para relajarse y ver qué pasa.

LOS CICLOS

Estés en el ciclo en el que estés, siempre eres el número de tu propósito de vida, eso es una constante en todo lo que haces en tu vida. Siempre estás en tu propósito de vida y no hay manera de que te salgas, ya que es lo que escogiste y sabías lo que hacías. Y aquí estas. Dicho esto, es cierto que se pasa por ciclos de periodos largos en la vida, como un invierno o un verano en los que hay una variedad de eventos que ocurren, pero siempre dentro de esa estación. Hay veces que llueve y otras que hace mucho calor, ese sería el ciclo. En cada momento uno está viviendo todos los números de los tres ciclos, pero depende del ciclo que te encuentres y en ciertas edades cobra mayor importancia y cuando vas de un ciclo a otro te llevas contigo los otros ciclos.

Cuando se repiten números de un ciclo al siguiente, es el mismo ciclo en otro nivel. Por ejemplo, si estudias matemáticas en los primeros años de tu vida, después en el instituto, y luego en la universidad, son siempre matemáticas, pero se trata de distintos niveles de dificultad.

Cuando el número del talento y el desafío son iguales,

en realidad, no lo son, hay aspectos en los que el don es automático, por decirlo de alguna manera, y otros aspectos de ese número que no son tan automáticos. Todo esto ocurre como en corrientes dentro de ti mismo.

En la numerología que yo enseño se pone primero el mes, después el día y por último el año de nacimiento.

Por ejemplo, el mes 11, el día 27, el año 1936. Cuando los sumas y los reduces a un dígito, da un 3, que sería el número de propósito de vida.

11 + 27 + 1936 = 30 *(siempre hay que reducir la cifra a un dígito);* 30 (3 + 0 = 3)

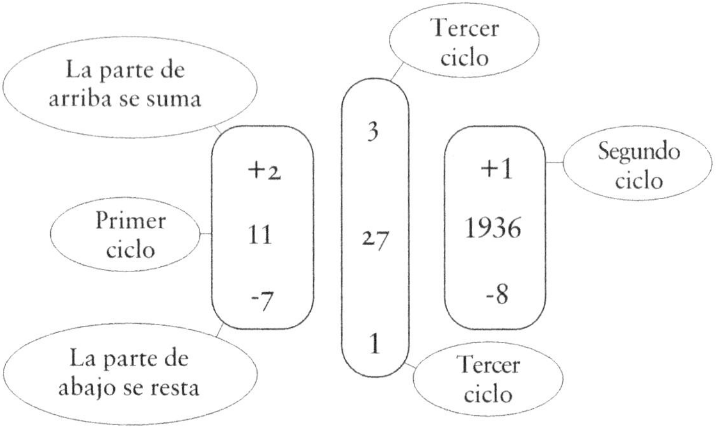

Primer ciclo

Este ciclo dura desde que naces hasta los veintisiete años (puede ser desde finales de los veintiséis hasta parte de los veintiocho). En ese momento se produce un corte en la vida de la persona, un antes y un después.

En el primer ciclo el talento es lo que haces sin esfuerzo, y seguramente ni le das valor. Si es un 2 lo que tienes en el primer ciclo, sería lo que le corresponde al 2, que es apoyar al otro y no ser protagonista.

Imagina una línea recta 11-27-1936.

La parte superior se suma y son los talentos.

La parte inferior se resta y son los desafíos.

Se suma en la parte superior.

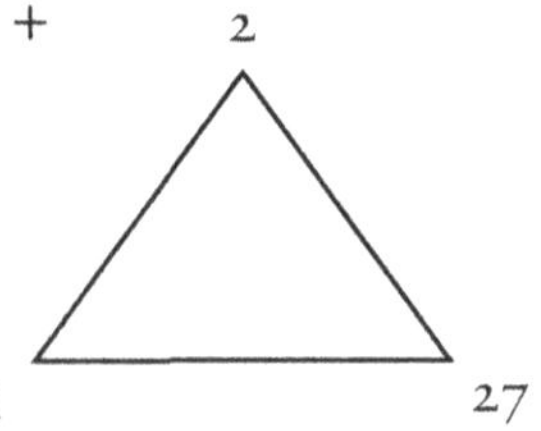

El 27, se suma con el 11 primero reduces a un digito el 27, 2 + 7 = 9, después reduces el 11 a un digito 1 + 1 = 2, ahora sumas 9 + 2 = 11, 1 + 1 = 2. El resultado se pone en la parte de arriba, en este ejemplo es el 2. Este sería el talento en el primer ciclo.

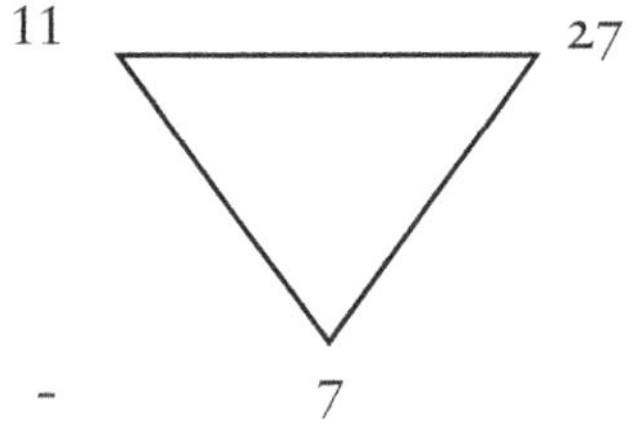

Ahora el 27 lo restas al 11 primero reduces a un digito el 27, 2 + 7 = 9 y haces lo mismo con el 11, 1+1 = 2. Ahora restas 9 — 2 = 7, y tienes el 7 que lo pones en la parte de abajo. Este sería el desafío en el primer ciclo.

Lo que vivimos son los desafíos y lo que tú llamas tu vida son tus desafíos. Hay ciertos aspectos de los desafíos que están superados, pero hay otros que crees que no lo están, y ahí es donde las cosas están fragmentadas. Crees que el pasado aún te está afectando, o que lo hiciste mal, o que podrías haberlo hecho de otra manera, así que piensas que no lo has superado, pero sí lo has hecho, solo que todavía no lo has reconocido. La parte más difícil de aceptar es que somos seres maravillosos. No digo que la vida no tenga desafíos y que siempre tenga que ser cómoda; lo cierto es que hay muchos desafíos, pero no es cuestión de que te martirices constantemente, sino que debes mantenerte en tu trayectoria esencial, ya que bastantes desafíos van a surgir como para que agregues más.

El talento ocurre solo, es como abrir los ojos y ver, no te hace falta pensar, pero con los desafíos estás obligado a ser más consciente. Lo que se nota más en los ciclos es el campo del desafío, como en este ciclo que estamos tomando como ejemplo, el número 7, la mente, el mundo, los viajes, conocer distintos mundos y aprender distintas cosas. También se puede sentir un desapego muy frío y decir cosas que parecen sin compasión y salidas totalmente de la mente. Surgen todos los aspectos del número 7, lo que llamamos lo positivo y lo negativo, que no es que sea positivo o negativo, sino que son posibilidades. Por ejemplo, imagina un cirujano; es mejor que tenga los nervios de acero para actuar con total claridad, y en este caso necesita un desapego total. Así que todos los aspectos de todos los números en un momento dado pueden tener su aplicación.

Segundo ciclo

El segundo ciclo es a partir de los veintisiete o los veintiocho años. En ese momento ocurre un salto, y dura hasta los cuarenta y uno o cuarenta y dos años, pero hasta los cincuenta y pico hay un proceso de transición.

Se suma en la parte superior.

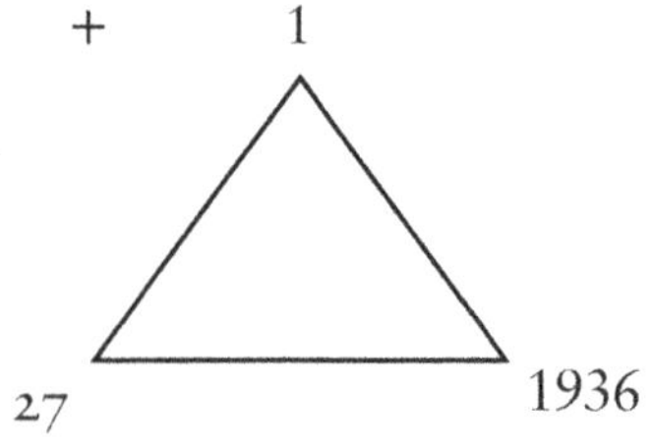

Sumas el 27 a 1936, primero lo reduces a un digito, 2 + 7 = 9, ahora reduces a un dígito 1 + 9 + 3 + 6 = 19, 1 + 9 = 10, 1 + 0 =1, ahora sumas 9 + 1 = 10, 1 + 0 = 1, el resultado final es un 1, en la parte de arriba sería el talento en el segundo ciclo.

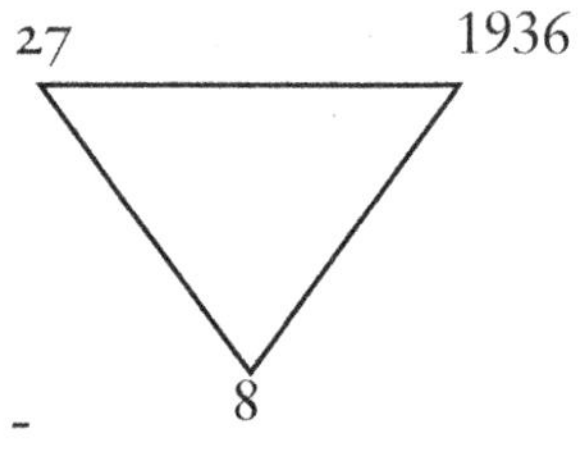

Restas el 27 a 1936, primero reduces a un digito el 27, 2 + 7 = 9 y haces lo mismo con 1 + 9 + 3 + 6 = 19, 1 + 9 = 10, 1 + 0 = 1. Ahora restas 9 — 1 = 8, el resultado es el 8 que pones en la parte de abajo. Este sería el desafío del segundo ciclo.

Siguiendo con este ejemplo, en el segundo ciclo el don es el número 1, que representa lo nuevo y todas las cualidades que indica este número.

En el segundo ciclo en el desafío es el número 8, en concreto, ver lo que representa el número 8 en el capítulo que se habla sobre el secreto de los números y las cualidades del 8.

En la vida de las personas se puede notar que entre los treinta y tres y los treinta y siete años ocurre un salto que les cambia la vida. Cuanto más lo aceptes, mejor te funcionará. Es mejor que no te resistas, porque igualmente va a ocurrir, ahí estamos hablando de karma. Debes estar cómodo con eso, porque si no puedes sentirlo como golpes que pueden ser muy impactantes. Hay que hacer un esfuerzo, pero no el esfuerzo de resistir; más bien uno debe estar motivado para andar ese paso extra o medio kilómetro, que es distinto al esfuerzo que uno hace cuando se resiste a algo.

El segundo ciclo es tu ciclo de poder. En este segundo

ciclo es cuando probablemente más alto vas a llegar en tu profesión y en este periodo te engancharás más. Es más fácil ir del primer ciclo al segundo, y se puede soltar con más facilidad que soltar el segundo ciclo. Si miras el segundo ciclo en tu vida, vas a observar que tanto lo que parecen los mayores desafíos como las alegrías están ahí, y siempre están las dos cosas, pero no a la vez.

Técnicamente, el cambio entre el segundo y el tercer ciclo es como dos ríos que van en paralelo. Después que, de haber trabajado en Aruba, lo hice en Caracas (Venezuela), donde están el río Orinoco y el Amazonas. En una parte el Orinoco va paralelo con el Amazonas y puedes ver dos ríos con colores distintos uno al lado del otro, uno de ellos es muy oscuro y el otro es un poco más claro y es evidente que son completamente diferentes, pero llega un punto en el que se unen. Esto es lo que pasa a los cuarenta y dos años, que empiezas ese proceso, aunque no lo sueltas del todo. Hay veces que ocurre a los cuarenta y cinco, y en muchos casos hasta los cincuenta años. No es que te reserven una parcela distinta en el cielo si lo haces a los cuarenta y dos o a los cincuenta años, solo es un proceso que te corresponde vivir. La vida no se toma a sí misma en serio, pero tú sí, y eso puede ser un problema. La vida es compleja, pero no es complicada, nosotros la complicamos.

Tercer ciclo

El tercer ciclo a nivel físico es el resto de tu vida. Es el más impactante en la vida de las personas porque representa el periodo productivo y donde uno puede establecerse. Pocas personas hacen este salto a los cuarenta y dos años. Suele tomar un tiempo porque puede ser difícil desapegarse del segundo ciclo; es posible que en el segundo ciclo hayas ganado dinero y tenido cierto prestigio, así que estás menos dispuesto a desapegarte de esos beneficios, aunque nunca los vas a perder porque los llevas dentro.

Se suma en la parte superior.

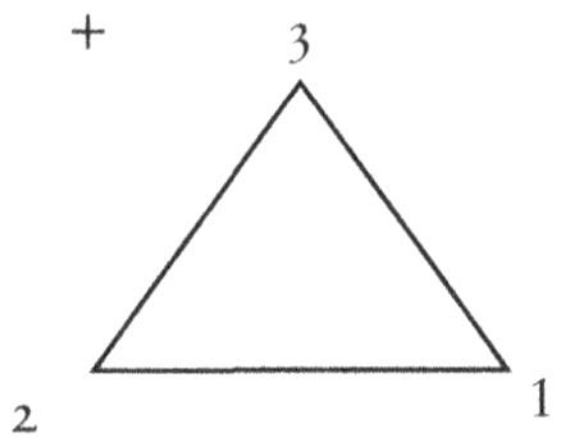

2 + 1 = 3 de la parte de arriba es el resultado de la suma del tercer ciclo de talento.

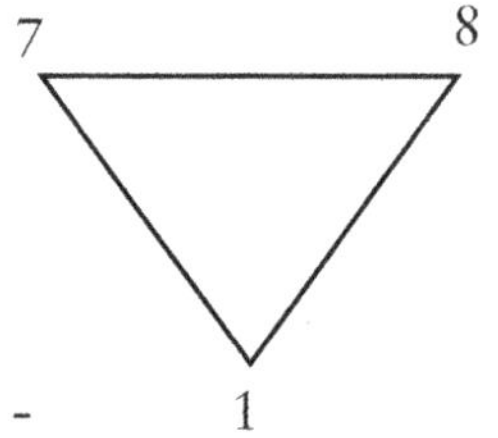

La parte de abajo: 8 — 7 = 1, el tercer ciclo del desafío.

A partir de los cuarenta y dos años entra en un ciclo 3 en la parte de arriba, los dones. No es tan importante porque eso ocurre automáticamente; el talento es como ver, ni lo notas, solo los otros lo notan.

El desafío es un 1 en el tercer ciclo, vale la pena conocer las cualidades del número 1. Cuando se llega a la cima, todo esto se mezcla y están todos los números a la vez; sería como tener un camino y heredar el conocimiento de todos los números. Los números siempre están activados en el conjunto de los ciclos, pero cuando uno está viviendo en un determinado ciclo esos números toman un mayor protagonismo.

El tercer ciclo y último es muy especial; ahí está lo que puedes llamar la aceptación de tu realización, que no tiene que ver con nadie más ni sirve para que te compares con nadie. Este proceso es para que te conozcas a ti mismo y no para que te compares con otras personas. Es para que otras personas te puedan conocer mejor.

En este último ciclo se pasa mucho tiempo. Si presuponemos que el promedio de vida es hasta los ochenta años, entonces es para disfrutar de ese periodo.

Estos ciclos son una foto tuya hecha por ti por adelantado a unos niveles que en mi opinión demuestran que la vida está inimaginablemente bien organizada, y con eso uno se abre a todas las posibilidades. Por eso a mí siempre me ha interesado cómo funcionan las cosas. Puedes aprender a relacionarte con lo que es y cómo funciona, eso es lo que me interesa.

Con estos mismos cálculos de los tres ciclos puedes empezar a conocer a tus hijos de otra manera. Por ejemplo, yo digo que los hijos vienen a criar a los padres espiritualmente, algo que parece antiintuitivo porque el niño es más pequeño y los padres son más grandes. Los padres piensan que van a enseñar a sus hijos, pero es todo lo contrario; más bien deben observar a los hijos. No es que te vayan a enseñar hablando, porque pueden decir muchas tonterías, pero si observas lo que hacen es otra cosa. Si ves lo que pasa en su vida como una metáfora, vas a notar cómo son partes de ti en todo lo que haces. Todas las enfermedades de los niños reflejan aspectos de los padres; no es que los padres sean la causa, sino que hay una sincronicidad.

En estos tres ciclos se unen varias experiencias dentro de tu vida. Por eso se produce una realización. Consiste en que lo disfrutes y notes la sutileza que lleva para ti en los ciclos en los que te encuentres. Sobre todo, si te encuentras en el tercer ciclo.

La numerología es muy útil para la autoexploración. Yo no me canso de repetir que la vida está inimaginablemente bien organizada, y este comentario es mi experiencia. Imagina que es como un océano y somos una gota de agua y podemos saber que donde pasamos la lengua está salada y si nos relajamos logramos flotar. Si te alineas con la vida, que es la base del conocimiento, cuanto más te conozcas a ti, más sabes cómo alinearte con esa parte tuya y de la vida, y este hecho se va expandiendo más y más. Cuando uno está alineado, las cosas ocurren como algo más natural y también son más fáciles de aceptar. La vida física es una aventura en conciencia y los números son como señales en la carretera que van señalando tu camino.

Algunos ejemplos en los ciclos de los desafíos

El desafío 0

En cualquiera de tus ciclos, tu parte más profunda te está diciendo: «Ya está, ahora tienes que poner tu atención en cada cosa». Cada cosa que tú tocas incluye el tiempo, y el tiempo es el único recurso no renovable, así que se trata de que observen cómo vives el tiempo, y estás en el momento y respondes al momento. La gran pregunta de los filósofos es «¿quién soy?». Pero para mí la pregunta apropiada es «¿quién soy hoy?», y «¿para qué estoy hoy?». Porque hoy no eres el mismo que cuando tenías quince años y no solo porque eres más viejo y tienes el pelo más blanco, sino porque eres otra persona, y nos cuesta aceptarlo porque tenemos memoria. La memoria puede ser nefasta, ya que nos atrapa en el tiempo y parece que somos los mismos solo que más viejos; pero no, somos otra persona. Es como tener memoria de una vida anterior: si sabes que es una vida anterior, no hay problema y te puedes acordar, pero no piensas que aún eres el que eras en una vida anterior; es una diferencia que parece muy sutil, pero no lo es. Es muy significativo saber que se trata de esta vida y también, de alguna manera, de una vida anterior, aunque esencialmente sea el mismo cuerpo y con el mismo nombre.

¿Qué es un desafío 0? ¿Eso indica que no hay desafíos? Todo lo contrario, están todos los desafíos. También el desafío del momento, sobre lo que tienes que ser consciente, y eso cuesta. Es el compromiso con la conciencia, por fin; la conciencia y la atención lo son todo. Cuando te sale un 0 en cualquiera de los ciclos en el desafío, significa que en todos los desafíos y en casi cualquier cosa que uno hace se presentan sucesos inesperados. Quiere decir que debes poner toda tu atención de forma obligada en lo que estás haciendo y requiere una conciencia total, tanto si estás lavando un plato como si estás cortando el pan, o bien meditando. Cuando tienes un 0 de desafío en cualquiera de tus ciclos en la parte de abajo, todo en tu vida va a reclamar tu atención consciente, y eso no necesariamente es cómodo si te resistes, pero si no lo haces, puede ser maravilloso, aunque al principio la tendencia es de resistirse. El desafío 0 es para que te tomes a ti mismo muy en cuenta.

El desafío 0 es como un telegrama de Dios diciéndote: «Acuérdate de que estoy por aquí». A la suerte yo la llamo «el beso de Dios». El desafío 0 es como si se apareciera ese misterio y te dijera: «Mira, aquí estoy yo, soy Dios y vengo a decirte que yo estaba pensando en esto cuando te creé». Si pasara esto, creo que harías caso; pues el desafío 0 es algo así; puede ser muy bonito, ya que descubrirías cosas en las actividades más mundanas y se te puede abrir un gran conocimiento, porque si no eres consciente, cualquier cosa mundana te puede frustrar mucho.

El desafío 1

En parte suele estar relacionado con una vida anterior, y consiste en usar la creatividad y de moverse, de vivir los impulsos. Es muy de corazón y no es para preocuparse tanto por completar las cosas, aunque sí es para enfocarse en empezarlas.

El desafío 2

En las relaciones, el 2 es el que apoya, el que hace el trabajo, y el otro se lleva el crédito, pero el 2 no necesita el crédito. Por ejemplo, en el número 1 la identidad y el ego están muy presentes. El número 2 ya ha pasado por eso, así que ya no tiene que ser el triunfador. El número 2 es muy poderoso y las experiencias en el desafío 2 son poderosas. La vida es compleja, pero no complicada, y es tan sencilla que en cierta manera por eso se nos escapa a casi todos.

Estamos en una dimensión y en un mundo dual, y llevar el 2 a la unión es un desafío fundamental: saber que el otro es tanto el otro como un aspecto tuyo, la paradoja de las dos cosas a la vez. Todos los caminos terminan en paradoja, y también en la autoaceptación. Para respirar necesitas aire. Y todas las relaciones son uno a uno. Yo puedo tener una relación con una mesa, pero es una relación uno a uno; en las relaciones uno a uno siempre están hablando de ti, y si puedes aceptar lo que el otro está diciendo de ti, entonces le puedes aportar algo porque te quedas vacío y no hay bloqueo ni pones el freno. He encontrado que los desafíos más confusos son el número 2 y el 3; en el caso del número 3, por el miedo, y en el número 2, por el enfrentamiento que se tiene con el otro.

El desafío 6

Es la responsabilidad en todo y sobre todo de la belleza; le cuesta mirar las cosas si no incluye la lente de la responsabilidad. También hay cierta nobleza, y la actitud es importante; no es lo mismo si eres responsable por obligación o porque te sientes culpable que si lo haces por nobleza. El desafío en un ciclo número 6 no consiste solamente en ser responsable, más bien en tener nobleza y cariño. El 6 es el número del amor y la comunicación.

El desafío 8

Es enfrentarte al ego. La mejor percepción de la mente es para reconocer que no tienes mente, que lo que tienes es ego disfrazado. Es como el mayordomo que se ha hecho dueño de la casa. Cuando estás cómodo con la idea de que no tienes mente, te exploras interiormente hasta que por fin el ego se va haciendo más y más transparente y menos manipulador. Tú mismo te estás liberando de tu propio ego. Con el número 8 en el ciclo del desafío, esa batalla entre el ego, la conciencia y la personalidad está muy a flor de piel.

NUMEROLOGÍA KÁRMICA

Yo no suelo hablar mucho del karma porque es un tema un poco contaminado y poco entendido, y tampoco es para filosofía barata. El karma es un tema muy profundo. *Karma* quiere decir equilibrio. La vida siempre está en equilibrio y a la vez está buscando equilibrio. La vida no es continua, sino que pega saltitos, como los fotogramas de una película que tienen espacios negros. Los físicos dicen que el universo se apaga y se enciende. La vida da saltitos, aunque parece continua. Cada fotograma está en equilibrio y es lo que es, y a la vez busca la estabilidad o el equilibrio del siguiente fotograma. Ese equilibrio es dinámico; es como el que camina por la cuerda floja: si se queda quieto, se cae. Su equilibrio es dinámico, es de ir de un lado hacia el otro, y poco a poco va avanzando y evolucionando. El proceso tanto de equilibrio como de ir hacia delante es placentero.

La palabra *karma* incluye la palabra *arma*, el karma es como un arma de un poder bruto que no transformaste en ocasiones anteriores y te toca hacerlo en esta vida, por eso lo llaman *karma*, porque vas a volver al equilibrio. Es para dejarte caer con tu karma y aceptar lo que es, entonces una abundancia que sale de ahí, pero es difícil describirla y puede incluir de todo, como dinero o relaciones.

Con la numerología kármica se incluyen todos los tiempos, los que ya han ocurrido y los que vendrán, porque el equilibrio va en las dos direcciones. Podrías dedicarte toda tu vida a explorar tus acontecimientos vitales a través de la numerología sin entrar en ningún momento en la numerología kármica. Es como con la astrología, en la que también puedes profundizar durante muchos años sin entrar en la astrología kármica. En la astrología hablan de aspectos kármicos, pero eso no es la astrología kármica.

Los conocimientos de la numerología siempre se han compartido de maestro a discípulo directamente. La gran mayoría de los libros de numerología dan fórmulas y un poco el significado de cada número. La numerología tiene sentido en otro paradigma, y uno tiene que ser consciente de ese otro paradigma. La vida en sí es magia pura; estoy convencido de que los magos son agnósticos y no están seguros de que existe la magia de verdad, aunque querrían que existiera y están un poco en ese camino. Si existe la magia, lo que no existe es la tontería mecánica que dicen que existe. La vida no consiste engranajes mecánicos, está mucho mejor organizada.

La vida está inimaginablemente bien organizada. Por ello, olvida cualquier «sí, pero» que se te ocurra, porque, aunque tú no te enteres, está muy bien organizada. Puede que te enteres algún día o puede que nunca. Es como el océano, que es un gran misterio y nunca vamos a saber lo que se puede saber sobre él, pero en cualquier parte del océano, si pasas la lengua, está salado. Pues la vida está igual de bien organizada.

La numerología kármica requiere amor de verdad sin ningún pensamiento y que te entregues sin intentar entenderlo. El intento de entender las cosas es agresivo, puedes entregarte a leer o estudiar, pero llega un momento de «¡ajá!», y la comprensión llega. El karma tiene un aspecto inevitable y con mucho humor negro, el hecho de que sea inevitable no te resta nada de libertad. ¿Y cómo es eso? Somos un 99 por ciento no materia, un 1 por ciento de materia, y de la no materia hay un porcentaje que incluimos en nuestra vida, el consciente, el subconsciente y el inconsciente. Eso representa el 1 por ciento de mi cuerpo, más otro 5 por ciento el consciente, otro 10 por ciento el subconsciente y el otro 84 por ciento el inconsciente. El inconsciente no es inconsciente, ya que tú eres todo eso, y ese todo es libre, también tiene muy claro lo que hace y camina en la cuerda floja de forma muy consciente. Tu dedo solo sabe algo, pero por fin el dedo va a ir donde va la persona. El dedo es el que dice «¿soy libre?». Bueno, es libre para ser un dedo, aunque eres más que un dedo y ese más es el que escoge. Y ese más que escoge está conectado a otro más. El universo se mueve todo a la vez, ¿y por qué lo hace? Yo solo tengo una respuesta: porque así lo desea. Es libre de maneras que nosotros no podemos imaginar; lo más cercano sería por una alegría o, como dicen los hindúes, un baile de Shiva. Lo que llamamos *pasión* consiste en hacer las cosas con ganas; cuando no tienes pasión es que estás desganado. Todo ese misterio, cuando se mueve, lo hace entero, y uno vive el resultado de eso, y también ha participado en la decisión. Por fin lo inevitable es inevitable, y a la vez uno está libre. ¿Y por qué es así? Porque es un poco parte del dedo de Dios. Tu acción es el dedo que toca Adán en la pintura de Miguel Ángel, hablando en metáfora.

Tenemos muchos hábitos, y parte de nuestro karma es eliminarlos o anularlos y llevarlos al punto cero. Por ejemplo, las personas que trabajan con la sanación pueden llevarlo al punto de quitar del marco la enfermedad. No estoy diciendo que hay que meter la cabeza debajo de la tierra como el avestruz; sería verlo como si fuera una película y quitarle importancia. La medicina en sí es seria, no existe medicina alegre. A la mente le gusta repetir y tenemos muchos hábitos durante varios años. Hay veces que cuando buscamos sensaciones nos tenemos lástima, por lo menos así sentimos algo. Hemos venido a este planeta a sentir y todo sentir tiene algún valor. Es para ser consciente de todo eso y a la vez cambiar la percepción. Hay que abrir la percepción para ver cómo la vida de uno va muchísimo más allá de lo que había pensado.

El karma es la mano que te echa el cielo; si te conectas con todo eso, es amistoso y te apoya, así que es el cielo echándote una mano. Con eso no se necesita mucho más; cuando toda la existencia conspira para echarte una mano, dices: «De qué me quejo», aparte de algo momentáneo, que no dure más de un minuto, que sea cortito.

Para encontrar el sabor de tu karma mira el año en que naciste, porque ahí hay una clave. Por ejemplo, a todas las personas que han nacido en España, lo hayan hecho en el norte o el sur, hay algo que las une; algunos lo aceptan más de una forma y otros lo hacen de otra, y otros parece que no lo aceptan, pero hay una unidad que por algún motivo las une. Como las familias que son todas kármicas como parte de ese misterio que está tan bien organizado.

No te puedes escapar de tu karma y tampoco lo quieres porque es lo mejor que hay, es el no va más de la existencia vivido con consciencia, pero cuando lo vives con resistencia puede ser doloroso. Cuando empezamos a vestirnos con toda la ropa que nos pertenece, todos somos pijos. Te permites ponerte el Armani de tu propósito de vida y el Gucci de tus desafíos convertido en dones, y el Victorio & Lucchino de tu número kármico, y entonces empiezas acercarte a ese chiste de ser hijo de Dios, y parece un chiste porque las personas van diciendo: «Sí, somos los hijos de Dios», pero después viven una vida miserable, parece que Dios es muy pequeño. Cuando empiezas a alinearte con eso te das cuenta de que todo está muy bien organizado, y sientes que tu vida tiene un sentido. Entonces, al conectarte con el 99 por ciento de tu parte espiritual, lo haces de verdad, y tu vida tiene sentido porque eres único.

El número kármico es como el hilo que aguanta las perlas de un collar. Así que, aparentemente sin hacer ningún esfuerzo y estando más conectado con el 99 por ciento interior, eres más consciente, y si conoces algo de numerología te das cuenta de que lo que tú haces se corresponde y entiendes el karma. Con el karma uno se desapega de lo físico y lo emocional y se dirige puramente a lo espiritual.

Imagina que el número kármico es el jefe, pero de una manera invisible, y esos son los mejores jefes, que marcan las pautas, aunque sean invisibles. El número kármico te apoya, aunque no siempre lo aparenta. Todo se mueve y cambia y la vida es totalmente dinámica. Las personas buscan lo imposible, porque buscan la seguridad que no existe. Lo que sí existe es una seguridad invisible, y uno quiere una seguridad visible. En las cuatro preguntas básicas del libro *La medicina del alma*[1] puedes encontrar una seguridad invisible. La primera, si el universo es amistoso, y si es amistoso, lo es hasta cuando no lo parece.

Las cosas en la vida, cuanto más profundas son, más sencillas se hacen. El número kármico rige toda tu actividad numerológica. Lo que quiero decir es que cualquier cosa que hagas, aunque va a ir dirigida a tu número de propósito de vida y está relacionada con tus ciclos y tu año emocional, vas a poder apreciarla o verla por la lente de tu número kármico. Te doy un ejemplo: mi número kármico es 5, y todo lo que respecta a este número se ve reflejado en lo que yo hago, porque existe variedad, tanto en lo que se refiere a personas, como a empresas de distintos tipos, y la libertad —tanto la mía como la del otro, sea persona o empresa— está muy presente. Personalmente, si escojo valores, la libertad es el primero. El control está relacionado con el número 5, aunque todos los números tienen algo de control. En el número 3 el control es como el de director de cine, que ve a los perso-

1. Rolf, Eric, *La medicina del alma,* Barcelona, Booket, 2019.

najes y sabe qué persona es la mejor para ese papel, y quiere que lo haga. También es para ejercer el control sobre uno mismo, en este caso sobre el proceso creativo, y en mi caso para la exploración del proceso creativo.

Somos, ya lo hemos dicho, un 99 por ciento invisibles, más energía espiritual que energía material, y si venimos aquí con un propósito, ese propósito no solo es el que se basa en tu fecha de nacimiento, aunque tenga una relación. Tu plan de vida original está conectado con tu número kármico, más que con tu número de propósito de vida, es como un perfume que está ahí. El número kármico se relaciona con el plan real de ese 99 por ciento que es espiritual. Es el perfume que llevas, pero no lo notas.

Los conceptos en la numerología kármica se amplían. Por ejemplo, con el número 5 kármico, primero tienes que saber el significado del número 5 para poder aplicarlo y percibirlo de otra manera en tu vida. La diferencia con la numerología kármica es que ya no solo es una fórmula, sino un darse cuenta.

Puedes saber lo que indica ser un número 5 de propósito de vida, e identificarte con más facilidad. La numerología kármica toca otros aspectos, te abre por completo a tu número de propósito de vida cuando conoces tu número kármico. El número kármico le da un sentido a la parte activa del número de tu propósito de vida.

Por ejemplo, como el número kármico apoya el número de propósito de vida, una persona que es un número 3 de propósito de vida, aunque el 3 no es muy productivo en el mundo, porque lo que le gusta es buscar el tesoro, encontrar el diamante en bruto y ya está —y cuando lo encuentra te lo muestra y se vuelve a meter en su interior y no termina de desarrollarlo para montar un negocio—, si tiene un número 5 kármico pule el diamante, lo organiza y lo trabaja. También el número 5 es exterior y quiere ponerlo en el mundo para dar energía al otro. Resumiendo: creatividad y profundidad siempre y cuando lo esté dirigiendo al mundo de alguna manera que se pueda entender y utilizar. Tu número kármico va a facilitar que el número de propósito de vida se manifieste y dé frutos.

En el proceso de escoger nacer, incluyendo escoger a los padres, hay una inspiración divina que ni te puedes llegar a imaginar, y dentro de eso hay una visión pura. A veces me refiero a ello como «en qué estaba pensando Dios cuando te creó». ¿Cómo es que somos absolutamente necesarios y qué sabor único realmente traemos cada uno de nosotros?

La visión que las personas tienen en su vida es mayormente prestada. No es una visión auténtica, aunque detrás de eso sí la tienen. Cuando eras pequeño te preguntaban: «¿Qué quieres ser de mayor?». Parece que uno tiene que responder en términos que tengan sentido en el mundo. Es para tener un enfoque que no se centre en particularidades sociales. No venimos aquí solo para tener un trabajo y cotizar a la Seguridad Social, aunque puede incluir todas esas cosas. Pero vamos a permitirnos el lujo y decir que somos parte de todo el universo, que hay un esquema que va de lo más alto y misterioso a lo más pequeño y particular. Esa conexión se puede mantener pura de la mejor manera posible; aunque no siempre ocurre, por lo menos debemos mantener esa meta inalcanzable a la cual nos dirigimos, como el horizonte, que cuando nos dirigimos hacia él nunca se acerca. Esto es igual, porque conforme vas hacia el horizonte, vas creciendo y desarrollándote, aunque todavía quede mucho viaje por delante. Es una relación con la visión original que se alinea.

Cuando la numerología se alinea con la numerología kármica, se produce una fuerza muy impactante. Parte del beneficio y de las posibilidades de la numerología kármica es salir de un mundo para vivir otra experiencia; cuando vuelves al mundo, lo haces con otra visión completamente distinta a las posibilidades de quien eres y a las posibilidades del mismo mundo. El karma es como una bolsa de excrementos, sobre todo algunos de los desafíos, pero también están los diamantes; un diamante es para siempre, y eso es lo que te llevas de la vida, aunque no sea lo único.

El número kármico es más etéreo y a la vez más fuerte. El año que naces tiene un aspecto kármico muy profundo, porque le da un sabor a toda tu vida y es como el propósito más amplio. Todo lo que haces en tu vida tiene un aspecto de tu número kármico, pero visto en términos más espirituales. Por ejemplo, el número 5 a un nivel más elevado se relaciona con la sanación. Es la energía libre e independiente, el sabor del 5 es de libertad.

Conforme te vas haciendo mayor, puedes ir observando los efectos de tu karma en tu vida, y puedes ver cómo de cierta manera te has ganado tu karma. Es una manera de hablar, pues tienes ese número kármico desde siempre, aunque no te hayas enterado. Tú tienes un currículum como actor y has actuado en papeles; no se trata de si ha sido bueno o malo, simplemente han sido los papeles que te han tocado en el reparto, y en el proceso como actor has evolucionado como artista. En lo que se va manifestando tu karma te vas viendo más como el artista que como el personaje.

Parte de la relación que uno tiene con su karma tiene que ver con el dinero porque este es una metáfora de poder. El universo es un equilibrio en fuerza y dinámico, así que estamos hablando de poder. Con el dinero existen resistencias, como la tacañería y cómo gastar el dinero, pero el dinero está para fluir. Se trata de la conciencia del poder que te toca y cómo lo administras, cómo entra y cómo sale. Hay veces que entra más rápido o más fácil y otras que parece que sale mucho más rápido de lo que entra.

El poder y el karma son importantes para crear una estructura financiera en tu vida sabiendo que lo estás haciendo para asumir ciertas responsabilidades espirituales. No estoy diciendo que el que tiene más dinero es más espiritual, sino que cada persona tiene una responsabilidad, y parte de esa responsabilidad en su vida consiste en energías. Las energías entran y salen y parecen abstractas: el dinero es como una energía abstracta, sobre todo hoy en día, que consiste en números y se ve poco, se usan más las tarjetas de crédito y cuentas de banco, ya pocas personas trabajan con efectivo. El dinero es fantasía, energía, cambio y movimiento. Es muy fácil ver el aspecto espiritual en esto, y es para organizarse o crear estructuras financieras, pero no en el sentido de la palabra al que estás acostumbrado. Las personas un poco esotéricas no se sienten cómodas con presupuestos. Hay muchas maneras de hacerlo; por ejemplo, no se trata de tener una estructura, sino varias. La entrada de energía en la vida no solo viene en una dirección, viene de una fuente que es el universo. Llega por muchas calles, y eso es para recibir de forma consciente la responsabilidad por más de una calle, y no solamente para aumentar la cantidad de dinero que tienes en tu vida; es para aumentar tu conciencia hacia la vida, lo que también se manifiesta porque tienes más dinero. Lo que sí se va a producir es mucha más vida a partir de eso, no te quepa la menor duda. Solo por el hecho de plantearte mirar esas vías y hacer algo al respecto, ya estás operando en otros niveles, y todas esas vías tienen sus idiomas, que se relacionan. Esta sección de la rueda de tu vida tiene distintas vías, y es para que te abras a esas posibilidades de forma consciente y actúes. No estoy diciendo que tengas que montarte una empresa; puedes hacer cosas pequeñas y compartirlas por internet. De lo que se trata es de abrir varias vías de ingresos para que todo tu karma entre y salga. En ese proceso tú creces. Uno debe tener por lo menos cuatro o cinco vías de entrada, aunque gane poca cantidad al año. No estamos midiendo esto solo en términos económicos, sino por tu generosidad espiritual. Cuanto más entre en tu vida, más rica será esta, a otros niveles. Cuando juegas con ganas, entonces ganas.

Cuando tu número de propósito de vida y tu número kármico son el mismo, debes ser más consciente de ese número.

El número kármico no se ve, pero es el que manda. Por ejemplo, si tu número de propósito de vida es el 3 y tu número kármico es el 5, lo que manifiestas en el mundo a través de lo que compartes tendría el sabor del número 5.

El número kármico es la suma de los dos números del tercer ciclo, el desafío y talento más tu año de nacimiento.

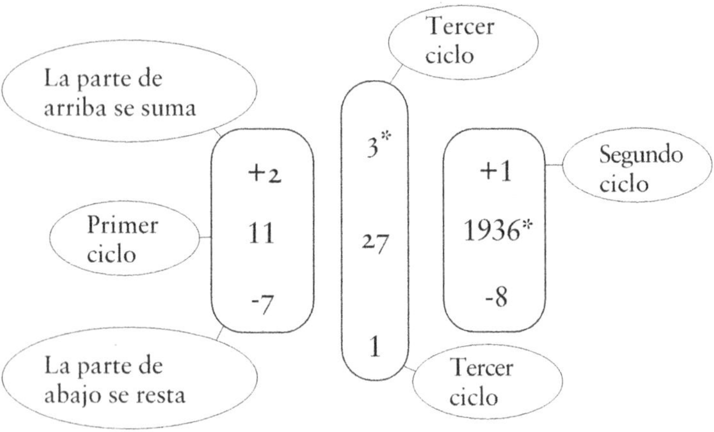

Tercer ciclo 3*: talento.
Tercer ciclo 1*: desafío.
1 + 9 + 3 + 6 * = 1 *(reducido a un dígito)*
3 + 1 + 1 = 5 *(número kármico)*

Tu número kármico es como el propósito de vida de tu alma. Es para darte una referencia, no es que tu alma tenga un número.

El año kármico es la suma de tu año emocional más tu número kármico.

Por ejemplo, si tu año emocional es 4 y tu número kármico, 1, entonces 1 + 4 = 5 *(año kármico)*.

Lo que haces cada día se relaciona más con tu año kármico que con tu año emocional, pero lo vas a vivir a través de tu año emocional y los resultados van a estar relacionados con tu año físico.

Te recuerdo que lo que le da sentido a la información es el marco, así que uno puede tener un marco, uno o seis, o el número que sea, y el hecho puede ser el mismo, aunque se interpreta y se vive de forma distinta dependiendo del marco. Es el marco o el contexto lo que le da sentido a la información. La información sin marco no tiene sentido.

El año kármico es lo que tú haces con tu intención y tus acciones; sería como el sabor que llevan todas tus actividades relacionadas con el número 5 de este ejemplo.

En un año kármico 5 todo se relaciona con los conceptos elevados del número 5, es la sanación a un nivel más elevado.

Somos todos los números, y se puede decir que cada momento es un número, cada instante tiene un número que lo representa; en esos números o en esos momentos la conexión es intuitiva, y cuanto más intuitiva es esa conexión con ese momento, existe más riesgo, aunque no lo parezca.

- ◊ **Año kármico:** si tu año emocional es 5 y tu número kármico, 1, entonces 1 + 5 = 6 *(año kármico).*
- ◊ **Año emocional kármico:** si tu propósito de vida es 5 y estamos en el año 2023, se suman. 5 + 2 + 0 + 2 + 3 = 12; 1 + 2 = 3 *(siempre hay que reducirlo a un dígito).* El 3 sería tu año emocional kármico.
- ◊ **Año físico kármico:** tu año kármico más el año actual. Lo físico tiene mucho karma.
  Año kármico 6 + 2 + 0 + 2 + 3 = 13; 1 + 3 = 4 *(año kármico físico).*
- ◊ **Talento kármico:** el número de propósito de vida más tu número kármico.
  Propósito de vida 5 más número kármico 1 =
  5 + 1 = 6 *(talento kármico).*
- ◊ **Desafío kármico:** la resta del número kármico y el propósito de vida.
  Propósito de vida 5 — 1 = 4 *(desafío kármico).*

El número de talento kármico puede ser un desafío porque normalmente lo tienes muy asumido, y no siempre uno está dispuesto a responsabilizarse por eso. Explora tu talento kármico y vas a ver que tu vida toma otro sentido. Cualquier parte de tu talento que te guste te va a ir bien. El talento kármico es un regalo que tienes y una capacidad sin demasiado esfuerzo. No lo estropees con esfuerzo, es como el que sabe tocar la flauta; si sopla muy fuerte la música no sale armónica.

Es como el capitán del barco de tu número kármico, y aquí estamos hablando de niveles más expansivos y profundos, también cósmicos. Mírate como un ser cósmico; de esta manera, el número de talento kármico y el desafío kármico tendrán otro sentido.

El número de talento kármico te va a permitir caerles bien a las personas que tengan ese mismo número. Por ejemplo, si tu talento kármico es un 3, caes bien a las personas con el número de propósito de vida número 3. En cambio, con el número del desafío kármico te cuesta entender a las personas que tengan ese número. Si tu desafío kármico es 5, te cuesta entender a las personas con el número 5 de propósito de vida.

El desafío kármico te va a llamar más la atención que tu don. Los desafíos parecen más talentos que el propio talento, porque te enfocas más en ellos y los conviertes en un don. El desafío es lo que la vida te pone delante para que lo enfrentes. El desafío kármico es una relación de risa y lágrimas, hay veces que está muy bien y otras que provoca lágrimas. Parte del desafío kármico es encontrar el silencio, porque es desde el silencio que emerge el acto creativo.

En cualquier desafío solo hay que recordar que son diamantes en bruto. Si te apuntas al desafío, se convierte en un don, en un regalo. Hay que pulir el diamante. Los desafíos están ahí para hacer la vida interesante y divertida, no para hacerte la vida imposible. El único truco es que hay que alinearse con la vida y acordarse de quién eres. El camino espiritual no se anda, se navega, y hay que saber colocar la vela en la dirección del viento para que te lleve.

Aunque lo físico representa solo un 1 por ciento y es lo manifiesto, hay un aspecto kármico que todos tenemos, que es manifestar de lo invisible a lo visible, y eso va a depender de tu papel en el gran esquema universal de la vida. Lo físico tiene un valor espiritual muy profundo; la materia a nivel egoísta, no. El consumismo material no lo tiene.

Cuando hablo de karma es como una especie de hambre espiritual que te llama, la vuelta a casa. Es para vivir tu vida; en ese proceso vas comprendiendo, y en el instante en que comprendes todo toma sentido, aunque normalmente uno se entera después. La cosa es cuánto tiempo te toma y cómo ocurre.

El karma no es egoísta. Cuando te relacionas con tu karma es porque puedes relajarte con el ego un poco. No es que no tengas ego, sino que tienes la capacidad de distinguir entre dos individualidades y a la misma vez sentirte unido con el otro, ahí es cuando el karma toma un sabor y entiende que somos uno.

Con tu pareja haces la misma operación. Primero tienes que hacer la numerología de su fecha de nacimiento y los ciclos para conocer a la otra persona y saber su talento del tercer ciclo y su año de nacimiento; así puedes saber el número kármico de la pareja y la relación que existe entre esos dos números. Esa información sería la relación que se tiene a otro nivel, igual que la relación del número de propósito de vida. Así es como observo que el 1 siempre se ve atraído hacia el 8 o el 2.

Si quieres establecer una visión de una relación kármica, vas a necesitar los datos de los ciclos de la otra persona junto con los tuyos, para saber los dos números en esa relación.

Pero eso es distinto a tu número kármico y al número kármico de la otra persona, que también es diferente a tu propósito de vida y al de la otra persona. La vida es un evento multidimensional en el que ocurren muchas cosas en distintos niveles; aquí solo estoy abarcando unos pocos. Es como una partida de ajedrez multidimensional en la que el movimiento en la tabla afecta de manera horizontal y vertical a la vez.

Son conceptos sutiles y no solamente es una cosa; se incluyen más y más sabores. Por eso insisto en que la numerología kármica no es tan matemática, es el sabor del número, sería como entrar en el baile de la vida.

Por ejemplo, en una pareja, si el número kármico de uno de ellos es el 5 y el de la otra persona es el 4, suman 9, así que las cosas relacionadas con la parte más elevada del 9 estarían presentes en esa relación. Normalmente, no se suma el número kármico de dos personas, aunque hay una excepción con el número 5, ya que es el número que va con todos los números.

La relación de una persona número 2 y otra 3 puede ser divertida, siempre y cuando no estén envueltos y revueltos, porque, si llegara a ocurrir, el 3 quiere ir a lo suyo y el 2 también. El 2 quiere apoyar, pero a la vez controlar. Pueden llegar a ser buenos amigos y colaborar en diferentes proyectos, pero no más, porque pierden un poco su identidad y cada uno tira del otro.

La relación entre el número 8 y el 1 suele resultar bien porque se atraen mutuamente. Puede funcionar a nivel espiritual porque el 1 quiere más libertad y ser él mismo, y a la vez quiere la seguridad y la fuerza que le da el 8. El 8 es un poco desapegado y le gusta crear espacio para el otro.

La relación entre el número 8 y el 2 también puede funcionar, pero hay un tira y afloja de fuerzas porque el 8 es un número fuerte y el 2 también. El 2 es un número de entrega, pero con un 8 no se entrega del todo, aunque cree que sí lo hace, y ahí surgen los problemas. Cuando te entregas, no esperas nada del otro, la entrega no es un trabajo. No se trata de que yo voy a hacer algo por ti. De lo que se trata es de entregarse a la vida. Cuando comienzas una relación es como decirte a ti mismo: «Lo que me toca a mí es ser un 2 en esta relación», si lo tienes como número en la relación kármica. Y eso no quita que todos los demás números se vayan a activar. En la relación se trata de dar, de dar atención al otro; todos los números dan atención de distintas maneras. Si uno sabe que su manera de dar atención es una manera 2, es distinta a otra persona cuya manera es 4; por ejemplo, el 4 es práctico.

Todas las relaciones son kármicas y la vida te las envía en un momento determinado. Y por algo será. Si pudieras analizar y saber los números de todas las personas, como el que se sienta al lado en el autobús, comprobarías como algunos de ellos se van repitiendo. Aunque directamente no es una información útil, sí es útil saber que has vivido toda tu vida para estar con esa persona en ese momento, y por algo será, aunque sean solo unos minutos. Todas las relaciones que uno reconoce que son kármicas de alguna manera te hacen de guía, no de una manera egoísta, si tienes la capacidad de percibirlo.

Hay ciertas relaciones que son claramente kármicas. La fundamental es la relación con los padres. Pero se puede pulir la lente para poder mirar la relación con los padres de una manera más clara.

La fórmula es: el número de tu talento del tercer ciclo más el año de nacimiento. A ese número le agregas el número de propósito de vida de tu padre, o el de tu madre, y el número de esa suma es la relación kármica que tienes con tus padres.

1 + 9 + 6 + 1 *(año de nacimiento)* = 8 + 1 *(talento del tercer ciclo)* = 9

Propósito de vida de la madre: 3 + 9 = 3. Este es el número kármico con la madre. Con el padre se hace lo mismo. La energía de ese número kármico que tienes con tu padre o con tu madre de alguna manera es un regalo.

Mes		Día		Año		
1	+	23	+	1961	=	23 (2 + 3 = 5)

La suma total sería el número de propósito de vida: 5. Ciclos:

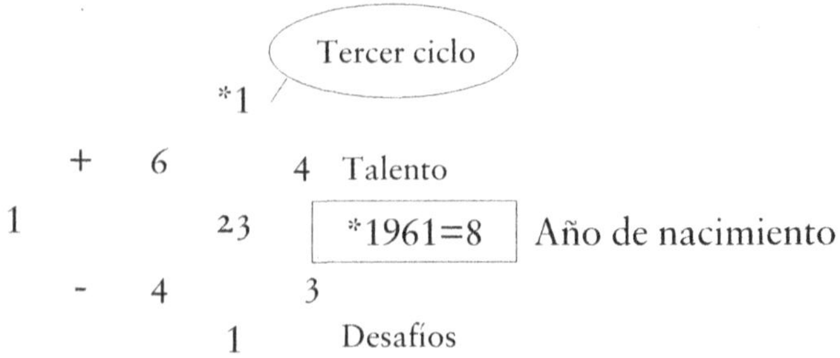

El número de tu recurso kármico: es como una energía secreta, y cuando te relacionas a través de ella las cosas salen. A menudo hay resistencia, porque debajo de todas las resistencias hay un tesoro, y esto representa uno de los tesoros más grandes.

Ahora te voy a dar la llave de oro de la mina que todos buscan. El valor que tiene se debe a que se relaciona con tu visión única, y es esa relación de tu recurso kármico y tu visión única la que se alinea con todas tus fuerzas, con la vida y con tu camino a todos los niveles, físico, mental, emocional y espiritual. Se produce una sanación, alegría y bienestar. Pero a la vez es un desafío, por lo cual uno tiene que ser responsable como cualquier recurso. Si yo te doy dinero, tienes que ser responsable de ese dinero. Es un poder kármico, es como un músculo que tienes y te lo has ganado. El número de recurso kármico ocurre cuando manifiestas la energía generosa y con cariño, olvidándote de ti mismo, y no hay nada que te pueda parar. Eso es como un arma secreta. Es el secreto para ir más allá del ego y de la separación. Si eres hijo de Dios, eres rico.

La fórmula del número de recurso kármico es:

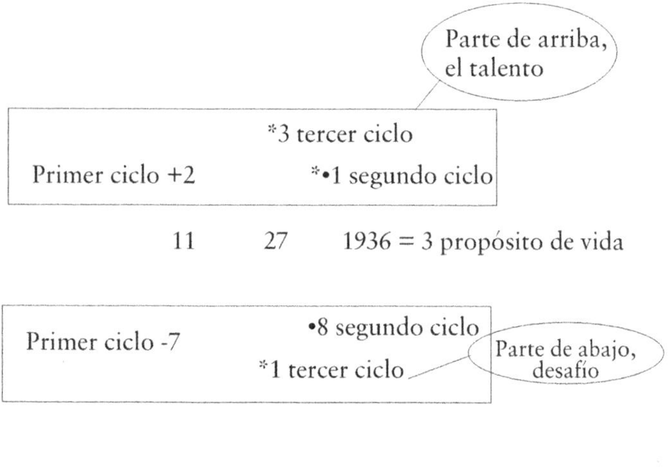

Siguiendo con el ejemplo anterior, sería:

Suma el 3 en la parte de arriba del tercer ciclo del talento, el 1 en la parte de abajo del tercer ciclo, el desafío, más el 1 del talento del segundo ciclo. *3 + *1 + *•1 = (5).

Ahora restas el 8 de desafío del segundo ciclo y el 1 de talento del segundo ciclo

•8 — *•1 = (7).

Resta el (7) del segundo ciclo •8 — *•1 = (7), y la operación anterior *3 + *1 + *•1 = (5), 7 — 5 = 2.

En este caso, el número de fuerza sería el 2.

Tener el 0 como número de fuerza es como tener el recurso del poder de la oración. Es el secreto de saber que tus oraciones están respondidas, y que todos los recursos que pidas para ti a nivel espiritual van a ser concedidos.

Cuando pides para ti a nivel espiritual es para poder darlo. Imagina que no necesitas nada, pero ves que otra persona necesita algo y te gustaría darle lo que necesita; entonces se lo pides a Dios y se manifiesta.

También es cierto que hay que ser muy preciso en lo que se pide y para quién se estás pidiendo, ya que no es exactamente para uno. Es para que venga a través de uno, pero se dirige en otra dirección. Por ejemplo, cuando Jesús dice a los pescadores, hombres de poca fe, que echen las redes. Jesús, que antes ya ha pedido que se llenen las redes para que los pescadores vean algo, y se manifiesta, muestra un querer para el otro desapegado y elevado, con mucho amor.

Es importante reconocer con el número de recurso kármico ciertas cosas. Lo primero es que te has resistido, y no porque no lo hayas vivido, y tampoco porque no te haya salido bien esa vivencia; lo que has resistido es entregarte del todo a ese número, por naturaleza y porque siempre nos resistimos donde está el mayor tesoro.

El karma no solo es algo del presente, también incluye el pasado y el futuro. Una de las maneras de enterarte del karma futuro es conectándote con una vida futura, y puedes ver cómo esta vida y la vida futura se relacionan a través de un número que está por manifestarse. En esta vida uno hace progresos que realmente van a tener sentido en otra vida. Es como el chico en el colegio que está en el segundo año y es tan bueno en matemáticas que hace las matemáticas del cuarto año, aunque sigue estando en el segundo curso y con sus compañeros de segundo.

Tu visión única viene a través de la relación entre tus números de numerología y los números kármicos, y es muy personal, porque es una realización. Así que uno relaciona sus números de numerología y el número del karma para ver lo que indican a través de una estructura y una forma o un marco que sería como la contribución única y personal que puedes aportar al mundo. Ahí es donde entramos en qué estaba pensando Dios cuando te creó. Para qué eres único y de qué te sirve.

Te puedo hablar en términos personales y, aunque para ti puede ser diferente, por lo menos puedes coger el sabor. El 5 es mi número kármico, y el 3, mi número de propósito de vida. El trabajo que yo hago, por decirlo de alguna manera, es muy de Acuario y avanzado y relacionado con la libertad y la energía, y de ahí viene una visión que es única. El modelo de sanación que desarrollé de la medicina del alma, por ejemplo, es una visión única de la que soy responsable, aunque eso no significa que otras personas no hayan tenido visiones similares. Cuando estaba en una petrolera me vino una visión única relacionada con unos proyectos de televisión, me apunté a ello y salió muy bien. Cuando me vino la visión del proyecto de televisión en una refinería en el año 1964, vi cómo estaba muy preparado para llevar ese proyecto a cabo. Había estudiado Comunicación, también había escrito guiones y ya tenía un recorrido. Conoces tu visión única cuando la vas perfilando.

No existe la verdad que se pueda explicar; hay personas que buscan la verdad, pero no la vas a encontrar de esa manera. Buda dijo que ya eres lo que buscas, y tenía toda la razón. Lao Tzu decía que la verdad está más allá del poder de las palabras para explicarlo. Entonces estamos hablando de la intuición, de tu conexión con la vida, que es dinámica y se mueve. Esa verdad que no viene de la mente, aunque uno lo intenta, en realidad, viene de momentos de *flash* y de forma rápida.

Cuando tienes de propósito de vida el número 7 y el kármico 7: la mente puede manifestar solo escuchando y creando. La mente no puede amar, no es su función.

Un número kármico 7 y el número de propósito de vida 4 puede ser alterado y ruidoso, porque la lógica se encuentra con la mente; también puede generar tranquilidad cuando la mente deja de molestar. Eso es lo más práctico. El número 4 es muy práctico, y cuando la mente no quiere juzgar tanto porque sabe que crear es lo que le gusta y es lo más natural, entonces sí puede haber tranquilidad.

Por ejemplo, una persona con propósito de vida número 8 y número kármico 7, lo que quiere es hacer preguntas, quiere buscar esa razón. A mí me encantan los refranes y las frases porque es como tomar conocimiento y comprimirlo. En España, escuché por primera vez el refrán «el corazón tiene razones que la razón no entiende», y es cierto, la razón no entiende su misma razón, es otra cosa, otros valores.

Número kármico 1

El número 1 es un karma de identidad, de protagonismo. Tanto el número 1 de propósito de vida, como el número 1 kármico, es para ser protagonista sin esfuerzo, creando oportunidades para otros (de ahí la atracción entre el número 1 y el número 8). El número 8 quiere ser protagonista como el número 1. Entre las relaciones que energéticamente cuesta más que funcionen está la del número 1 con el número 8, pero se atraen como la miel y las moscas. Sabiendo eso, uno puede relajarse un poco, y no insistir en ciertas cosas, o ambos tener espacios muy distintos y que cada uno viva su vida; sería casi como ser compañeros de piso dejando las cosas fluir.

Propósito de vida 2 + 2 kármico

En esta dimensión, todo se trata de las relaciones, y el 2 es el número de las relaciones. Hasta para respirar se necesita aire, así que en esta dimensión es como nadar en el lugar más profundo de este planeta. Y esto es igual cuando el número kármico y el número de propósito de vida son el número 2. Es para que te fascinen las profundidades, ahí sí hay riesgo. Te crees que el riesgo es externo, pero estás andando por la calle tranquilamente y están ocurriendo asesinatos, robos, te puede pillar un coche, y todo lo que se dice que es peligroso, sin embargo, lo haces tranquilamente, pero le dices a alguien que mire en su interior, que respire, que medite, que contemple, que se mire a sí mismo y los acontecimientos de otra manera, y es como una película de terror, aunque no lo sea.

NÚMERO KÁRMICO 3

Un mantra para el número 3 es «tengo tiempo para todo», pero no siempre lo dices moviéndote; hay muchas maneras, y también existe una diferencia entre querer que ocurra y hacerlo tú. El número 3 kármico es bastante estable, aunque aparenta todo lo contrario. Parece que está haciendo una cosa, pero quiere hacer otra, entonces hay conflictos tanto de tiempo como de espacio.

En ocasiones llega tarde cuando tiene una cita o cualquier otro acontecimiento donde se requiere cumplir un horario y no siempre sabe cómo eso estaba bien, tampoco es para llegar siempre tarde, pero si ocurre, hay un motivo, esa es un poco la estabilidad del número tres, que sabe que todo está bien organizado y que es un acto creativo, en ese momento no está jugando el papel que creía que estaba jugando.

El número 3 de cierta manera viene a resolver la diferencia entre la importancia personal y la lástima, ya que puede usar su imaginación para tenerse lástima. Como se entrega, puede producir eventos y decir «tengo toda la razón», pero también está el otro lado, cuando dice «a ver qué pasa», y es para vivirlo con alegría porque entonces se alcanza una estabilidad sabiendo que estamos en un océano de creatividad y comunicación. Ese es el propósito de vida en abstracto del número 3. Si vivimos en un universo y un océano de creación, entonces el número 3 lo llevamos todos. Dentro de los nueve números, el 2 es el más fuerte, pero el más universal es el 3. No existe trabajo, existe creación, y eso lo incluye todo: la creación de tu cuerpo, de tu vida, de cosas en las que no metes la mano y de lo desconocido que parece que te viene.

Respiración, meditación y planificación por escrito son tres cosas esenciales, yo diría que para todos, pero para el número 3 son imprescindibles. Solamente esto te transforma la vida de una manera que lo notas.

La exploración del miedo como fuerza creativa y no solamente para el número 3 de propósito de vida, también para el número 3 kármico. El miedo no es malo, es fuerza creativa bruta. Cuando entras en tu propia oscuridad, no hay oscuridad, hay luz y claridad, aunque tiene otra luminosidad. El número 3 que se atreve a bucear en esa oscuridad tiene otras experiencias, y cualquier persona que se atreva a bucear en esa oscuridad tiene otras vivencias que son muy reales.

De cierta manera, todos tenemos karma número 3, la creatividad, la imaginación y el miedo. Lo que impacta a las personas no es el miedo, es el susto, que es diferente. A nadie le gusta el cambio hasta que lo escoge, porque le excita, le impacta y se mueve energía nueva, eso es lo que da susto e impacta, no el miedo.

El humor para el número 3 es importante, porque tiene ese lado entre divertido y teatral con lo serio, y eso hay que cuidarlo mucho. La mejor terapia para el 3, aparte de viajar, es mirar programas de chistes.

La capacidad de riesgo es una de las claves para el número 3, el riesgo dice «ries-go» (español-inglés). Estás creando tu vida, y más artista que eso no hay nada. Atrévete, apúntate, entrégate, es todo riesgo, la entrega empieza por un riesgo.

Número kármico 4

El número 4 kármico es magnífico, es como una puerta por donde puede salir la risa, porque la llevas dentro; el humor es un sentido y la risa surge cuando ese sentido está activo y recibe información. El 4 es el número de la materia, la tierra y del conocimiento de que es tanto real como ilusión, la paradoja de Einstein y los físicos sobre las probabilidades; Einstein decía que Dios no jugaba a los dados con la existencia y ambos tenían razón. El número 4 puede llegar a saber para qué existe el 1 por ciento de materia, y ahí es cuando sale esa risa de ti, cuando te partes de risa, me encanta esa hipérbole: me abro y sale la risa. Es para ver el valor que tiene la materia sin tomarla en serio, sin apegarse a la materia y cuidar el detalle.

El número kármico y el número de propósito de vida tienen una relación muy estrecha. Es para apreciar el detalle sin ser obsesivo; el detalle es importante, pero no como un punto para inspirar el egoísmo.

En una ocasión fui a andar por el Pirineo. Empecé en el pueblo Esterri de Aneu, caminé doce kilómetros y me di cuenta de que seguramente tenía que volver atrás y caminar de vuelta otros doce kilómetros, pues no veía ningún pueblo y estaba caminando por un bosque. Entonces me pregunté: «¿Qué hago? ¿Vuelvo atrás o sigo hacia delante y encuentro un pueblo para llamar un taxi?», porque no me apetecía volver a caminar doce kilómetros. Cuando me hice esa pregunta, vi un charco en medio del camino y cómo salían de él unas pequeñas polillas blancas, como un escuadrón que iba directamente hacia delante. Para mí fue una indicación de que tenía que seguir hacia delante. Aproximadamente en un kilómetro llegué a un pueblo, encontré a una pareja a la que había visto la noche anterior en el comedor del hotel en el que me estaba quedando, nos saludamos y les pregunté si tenían coche. Tenían coche y me dijeron que podían llevarme al hotel sin ningún problema. Ese fue uno de esos momentos del número 4, cuando el detalle, la naturaleza y la materia te hablan de una forma dinámica. Es un poco el karma número 4, también del número 4 de propósito de vida. Tu número de propósito de vida de cierta manera también es tu karma, pues es para alinearte con él, aunque no sea exactamente lo mismo.

Hay que escuchar las señales del mundo, pero para escucharlas no te puedes creer el mundo, porque si te lo crees, lo juzgas y lo interpretas y no lo puedes ver sin lágrimas. Las cosas tienen que verse de manera directa y sin opiniones, sé que no es fácil. El 4 viene a expandir su punto de vista del concepto de familia, así que es la familia humana, la familia expandida.

Número kármico 5

El número 5 kármico es la libertad, y la libertad es terrorífica porque es lo más dulce y bello que hay y también lo más terrorífico, ya que no sabes si estás volando o te estás cayendo. No hay nada, y a la vez hay todo. No me puedo enganchar a algo y debo controlar; lo mejor es dejarse caer, a ver qué pasa. Cuando te dejas caer aceptas que puedes estar cayendo. El peligro te estimula, y nadie se siente aburrido ante el peligro.

Todo se mueve y evoluciona. La clave es la evolución porque es un movimiento en espiral que va cambiando, y en cada vuelta que da hay desafíos. Ahora, se tienen expectativas y se cree saber más de lo que se sabe, pero saber es algo del instante y nada más. Hay leyes universales, y cómo se aplican en ese momento pertenece totalmente a ese momento.

El número 5 es una batería; el dinamismo y el sentido del humor van juntos. Hay ocasiones en que les cuesta reír. El número 5 kármico puede ser dinámico a través de la risa y divertirse, pero no es para engancharse con las cosas.

Número kármico 6

El secreto del número 6 kármico es el abandono, quedarse o sentirse aislado y ver si ese aislamiento realmente es unión.

Me siento solo, ¿y si realmente es el momento de ser uno con todo? Así que el número 6 se siente solo, pero si ve la unión, entonces hay oportunidades de distintos tipos.

Es un karma de fe. El amor y la comunicación, hablo poco del amor y a las personas les gusta hablar del amor. El amor es lo que eres, no es lo que haces, todo lo que haces viene del amor. El número 6 kármico es para hacer las paces con eso, amor es lo que eres y no te han abandonado. El número 6 es un psicólogo nato, en parte por la experiencia del nacimiento, cuando por algún motivo se sintió abandonado, aunque eso no indica que lo fuera, solo que lo vivió de esa manera. En todos los nacimientos existe trauma, porque es el trauma del nacimiento lo que te pone en tu camino. Ese abandono es el hambre que siente de amor. Es para contribuir de forma generosa, como el amor, la comunicación, la expresión, la responsabilidad y la suerte del número 6.

El número 6, al multiplicarlo por tres, hace un 9, y otra vez conectamos con el espíritu. El número 6 está conectado, y son canales abiertos, por eso digo que es el número de la metida de pata, porque las cosas le salen de la boca, a veces siente que ha hablado demasiado y ha metido la pata.

Tiene mucha suerte porque se prepara y también por la responsabilidad que viene del corazón, no es una responsabilidad obligada. Cuanto más te comprometes a cualquier cosa, antes ocurre; lo invisible se hace visible con más rapidez.

Número kármico 7

El número 7 kármico es un místico a regañadientes, es para encontrar el silencio. Hay una anécdota de Buda que habla del mismo asunto. Un adepto va a visitar a Buda porque quiere iniciarse; este lo mira y le dice: «Sí, yo te inicio». El adepto le dice a Buda: «Tengo algunas preguntas». Y Buda le responde: «Quédate conmigo en silencio durante un año; al final del año te contesto las preguntas que tú quieras». El hombre se queda en silencio durante un año con Buda y cuando se completa ese año Buda lo llama y le dice: «Hoy se cumple un año, ahora cuéntame qué preguntas tienes». «¿Qué preguntas? —le contesta el discípulo—, yo no tengo ninguna pregunta.» Ese es el karma del número 7, en el que las preguntas no son de una mente que duda. Hay dudas científicas y otras que son cínicas, y estas ya no tienen demasiado valor. Te das cuenta de que todo sale del silencio, así que el silencio en sí hasta puede incluir hablar. Entonces, todo lo que haces como una expresión viene desde el silencio; ahí el no hacer es una experiencia para uno y no un proceso intelectual.

El número 7 kármico es un buen instructor, porque tiene lógica a la hora de relacionar cosas que ayudan al otro a encontrar el sentido en un patrón que antes no veía. Hay muchas maneras de instruir, a veces se hace desde la lógica y otras mediante bromas.

El número 7 tiene tendencia a ser fanático, y esto es para que se acabe en su karma, aunque queda algo, pero el fanatismo se convierte en entrega, que es diferente. El fanatismo es mucho ruido en la cabeza; la entrega es silenciosa y siempre está ahí. El karma del número 7 consiste en poder acostarse con una sonrisa en la cara.

Número kármico 8

La mejor cosa para un número 8 es saber que no tiene poder, que está aprendiendo cómo se administra el poder, y cuando lo tenga será un poder real. El poder más amplio es indirecto; todo tiene una relación básica con lo que llamamos el poder.

El 8 es el número del mago, la magia, el poder y el espacio, el ejecutivo. Tiene el desafío de la manipulación, y necesita aprender a ser responsable sin meter la mano; en lo que más mete la mano, más mete la pata. Es como el director de orquesta, que dirige la música y no toca ningún instrumento.

Es el número de la transmutación y de convertir, como decían los alquimistas, el plomo en oro, el petróleo en gasolina, y cambiar el nivel de las cosas. Crea el espacio para que otras personas hagan lo que les gusta hacer. Suele saber lo que le va bien al otro, y con la excusa de que lo está haciendo por el otro, manipulan. Cuando se siente poderoso, es porque está dominado por el ego. Es para aprender a hacer las cosas con su presencia, y él crea el espacio para dar la oportunidad de que el otro se desarrolle. Debe ser el director de orquesta sabiendo que la música interpretada no es suya, sino de otro compositor.

Número kármico 9

Hay una anécdota de uno que busca a Dios, y alguien le dice: «Yo sé dónde vive. Podemos ir ahora, yo te lo enseño». Y él le dice: «Es que en este momento estoy haciendo otra cosa». Eso es un poco el karma del número 9: busca en todos los sitios. Consiste en aceptar el sueño imposible, y hasta lo improbable. ¿Quién puede decir lo que no puede ser? De cierta manera, todos tenemos el número 9 kármico, queremos conocer la existencia como algo real, la unión de ese momento en que sabes que eres parte de todo, pero no sabes hasta dónde llega. Uno busca porque ya sabe que existe, así que no se trata solo de la búsqueda, sino de la confirmación de que existe. Es un misterio, porque decir que existe no indica que sabes lo que es. No se puede definir a Dios, tendrías que ser más grande para poder hacerlo, pero aceptas que el misterio está ahí, que no sabes lo que es. Yo sé que está de tu parte y que está evolucionando. Conocemos aspectos, como del mar, que sabemos que es salado en todos sus puntos, pero no sabemos todo lo que hay en sus profundidades.

El número 9 es el único para el que uso la palabra *espiritual*. No es que los otros no lo sean, pero a este sí le pongo la etiqueta. Todo es un aprendizaje, y hay colegios y profesores; ese es el número 9 visto en términos de karma, es para ser cósmico e invisible, pero presente. Es como el concepto de Dios, que no se ve y, sin embargo, está en todas partes y se puede sentir la presencia de algo. Es como el hilo dentro de un collar de perlas: lo que hace el collar es ese hilo invisible, y sin ese hilo hay un caos.

El problema con el número 9 es que se cree que todavía es un número 8. Es una percepción del número 9, porque en el número 8 está ese sentido de poder.

EL VALOR NUMÉRICO DE TU NOMBRE

Vamos a entender qué es tu nombre. Es el regalo que te hace la vida a través de las personas, pues cuando te llaman por tu nombre, te están aportando una energía relacionada con los números de tu nombre. Durante nuestra vida vamos cambiando, y esos cambios requieren otro tipo de energía, como cuando nos cambiamos el nombre o nos ponen un apodo. Tu nombre es algo que tiene mucho sentido, y no se trata de si te gusta o no, porque si no te gusta el problema lo tienes tú.

Dicen que la música más bonita para cada persona es el sonido de su nombre. Porque en el mundo es de verdad y te da algo y tú también quieres dar algo. El mundo está vivo y todas estas cosas indican movimientos vivos, no se trata de matemáticas, pero sí de vivencias. Los negocios tienen un nombre. Cuando uno pronuncia un nombre es un dar energético cuyo aspecto creativo empieza a entenderse a través de los números.

La vida te acepta, ahora tú tienes que aceptarte; lo gracioso es que no te queda más remedio porque es lo que hay, y está muy bien. Hay una diferencia entre los ricos y los pobres. El pobre necesita aprender a usar su imaginación. El rico tiene que organizar su tiempo y espacio. El tiempo y el espacio son creativos, no es que exista un determinado tiempo y espacio. Esta es una gran manera de jugar con tu imaginación y ver cómo se puede alinear con la imaginación de la vida.

El nombre de tu personalidad es la suma de las vocales y consonantes de tu nombre y dos apellidos; también lo llaman el nombre del destino. Venimos a esta dimensión a vivir el tiempo y el espacio, la realización o el destino en esta dimensión, y eso se puede ver a través de estos números. Así que cuando te llaman por tu nombre te están dando la energía de la suma de sus letras; por ejemplo, si es un 6, te están dando la energía del número 6, que es el amor y la comunicación y todo lo que representa el número 6, como gasolina para tu coche.

Aprende a mirar lo que es. Yo sé que eso es difícil porque siempre vemos a través de lentes, pero si te enteras de que estás mirando por una lente puedes empezar a cambiar esa lente. En una clase de Psicología en la universidad en la que estudié hicieron un experimento proyectando en la pantalla una foto dentro de un autobús. Había distintas personas de diferentes razas: blancos, de color, asiáticos, y en distintos estados o situaciones: por ejemplo, había una mujer embarazada, otro que tenía una navaja abierta y otras cosas. Dejaron la imagen en la pantalla unos veinte segundos, el tiempo suficiente para ver la foto, y después la quitaron. Entonces preguntaron a los que estaban allí presentes qué habían visto. Varios dijeron que el negro era el que tenía la navaja, pero no era así, sino que era el que tenía corbata. Las personas que estaban presentes fallaron en casi todo lo que había en la fotografía. Estudié Periodismo, y es clásico que, en un accidente con diez testigos, cada uno lo vea de manera diferente. Nadie ve el mundo igual que tú. Creemos que los demás lo ven igual que nosotros, y eso es un problema tremendo. Lo que importa es lo que tienes y lo que haces con lo que tienes, porque es más que suficiente para lo que puedes hacer y has venido hacer. Uno está buscando la esencia, el sentido, eso es lo que busca el ser humano, y los nombres te ubican en cierta historia personal. Siempre tenemos oportunidades que se presentan si estamos atentos y listos para aportar valor. La seguridad es más un sentir que una realidad.

1	2	3	4	5	6	7	8	9
A	B	C	D	E	F	G	H	I
J	K	L	M	N	O	P	Q	R
S	T	U	V	W	X	Y	Z	

Un ejemplo de cómo se utilizan los números con las letras.

Escribe tu nombre y los dos apellidos.

En la parte de arriba se ponen las vocales y en la parte de abajo, las consonantes.

Todos los números de doble dígito se reducen a un dígito.

Ahora suma las vocales de la parte de arriba, y las consonantes de la parte de abajo.

  9 1   1 9 5   1 1 6
P i l a r   M a r t í n e z   N a v a r r o
7 3 9   4   9 2 5 8   5 4 9 9

Vocales: 9+1+1+9+5+1+1+6 = 33, 3+3 = 6

Consonantes: 7+3+9+4+9+2+5+8+5+4+9+9 = 74, 7+4 = 11, 1+1 = 2

El número de arriba, el de las vocales, indica cómo interactúas con el mundo y es lo que el mundo ve; también es un don que uno tiene, una capacidad.

El número de las consonantes es esa parte tuya más interior, la que indica los motivos que estimulan o motivan tus acciones en el mundo. Son distintos aspectos; es como decir que hay una parte masculina y otra femenina. Las consonantes trabajan con el 99 por ciento, hay más consonantes que vocales.

Las consonantes son como tú te ves; el problema de cómo te ves es que puede haber o miopía o astigmatismo porque siempre te estás comparando. Te puedes criticar o decirte que eres el mejor, pero es un chiste de humor negro, ya que es lo que hay. Entérate de lo que hay y disfrútalo, y no pierdas el tiempo comparándote o lamentándote de lo que podrías haber hecho y no hiciste. Y a ver qué pasa.

Tu nombre te sirve. Uno, escoge un nombre porque los demás te van a dar una energía y esa energía va a producir un resultado. Esto te está diciendo cómo te ven los demás y cómo creen que tu interior existe. Cuando te llaman por tu nombre es una energía que el mundo te da. Siempre que dicen «Carmen», lo que suma ese nombre es la energía que el mundo te da.

Si las vocales de tu nombre suman 4 y las consonantes, 5, sale un 9. La energía del 9 es el desapego, así que ese nombre te va a facilitar el desapego, que es la energía del número 9. Estas son cosas como afirmaciones que ya intuimos, tú sabes quién eres, aunque no siempre lo tengas claro, y este lenguaje de la numerología te ayuda a confirmarlo.

El número de las vocales: como te ven en el mundo

Los números en sí no cambian, un número puede tener muchos aspectos y esencias. El aspecto del número 1 de ser el primero, inocente, impulsivo, es un número de corazón. Cuando tienes el número 1 en las vocales, te ven como una persona de corazón. Ahora, también puede sentirse que no quieres que te quiten el protagonismo. Hay veces que el número 1 puede sentir que alguien le está quitando el protagonismo porque no lo acepta completamente.

Si tienes el número 2 en las vocales, te ven como alguien de relación y de confianza, pero no como una persona fuerte. También te ven como a una persona con la que les gusta pasar tiempo. En la vida de todos hay algún grado de confusión, algunos más y otros menos. Con el número 2 en las vocales y también en las consonantes, no toman la confusión del momento tan en serio.

Si tienes el número 3 en las vocales, te ven como una persona con ideas, pero no siempre disciplinada. Con buen humor, divertida y creativa. Las personas con el número 3 son cualquier cosa menos aburridas.

El número 4 en las vocales: no hay nadie más lógico que el número 4. Son prácticos y lo ven claro; lo único es que la vida en sí no es lógica. Se intenta organizar la sociedad según cierta lógica, pero acuérdate sobre el refrán «el corazón tiene razones que la razón no entiende». Con el número 4, la familia es el enfoque principal, y eso incluye los problemas. Las personas que son número 4 de propósito de vida tienen muchos problemas con la familia, y con el 4 en las vocales también suele ocurrir eso.

Si tienes el número 5 en las vocales, te ven como una persona creativa y con mucha energía.

Si tienes el número 6 en las vocales, en el mundo te ven como alguien que tiene las cosas resueltas, también como una persona creativa, que hace las cosas bonitas, el psicólogo nato.

Con el número 7 en las vocales te ven como una persona que se expresa bien.

Con el número 8 en las vocales, te ven como una persona que parece tener las cosas resueltas en el mundo, y también que atraes a personas dependientes para ayudarlas a que se independicen.

El número 9 en las vocales no solamente es lo espiritual, también querer hablar sobre lo espiritual.

El número de las consonantes: tu interior

Aquí presento algunos ejemplos. Los números en sí no cambian, y debes mirar la esencia del número descrita anteriormente en el capítulo donde se detalla cada número.

En las consonantes, el número 2 es una persona que colabora y a la que le gusta relacionarse, sobre todo en grupos pequeños de una o cuatro personas.

El número 3 por dentro siente que no tiene nada resuelto, es como blanco y negro, y no está mal. La evolución no acaba nunca, uno comparte aspectos de su experiencia, y entonces hay una autenticidad que no tienen las personas que solo comparten contigo información de libros.

El número 4 en las consonantes es práctico. También puede producir efectos físicos, porque hay creencias sobre el mundo material que no funcionan y se manifiestan cosas desagradables, es cuando la oportunidad y las creencias se encuentran, así que es para mirar y limpiar el interior de opiniones sobre el mundo que cree que son de una manera determinada.

El número 5 en las consonantes indica que interiormente hay variedad y mucha energía. La variedad requiere disciplina, porque el 5 es muy dinámico y con muchas capacidades creativas, pero necesita orden porque no tiene medida, ya que le gusta todo y puede llegar al extremo de todo.

El número 8 en las consonantes no es para impacientarse por la transformación, pues esta, siempre está ocurriendo hasta cierto punto, y en algunos momentos da un salto que produce un renacimiento. Deja que esa transformación vaya ocurriendo y disfruta. Para mí un genio es el que puede disfrutar de cosas muy pequeñas y ver que son tremendas. En uno de los libros que he escrito digo que el genio es el que ha visto lo que tenemos los demás delante de nuestra nariz. La nariz en el código secreto del cuerpo representa la intuición, así que el genio ve una cosa, pero también la ve de otra manera completamente distinta. A veces la paciencia se confunde con el pasotismo y la inacción, pero todo tiene su momento y cuando llega ese momento lo sabes. Si el número 8 no es paciente, le domina el ego o la avaricia, que van juntos.

El efecto de tu nombre cuando te llaman es igual que si fueras a una gasolinera a repostar; el efecto se va gastando hasta que te vuelven a llamar así, pero la esencia viene de tu nombre completo de nacimiento.

Cuando sumas el número de vocales y de consonantes que componen tu nombre, se obtiene otra manera de cómo el mundo te ve. Como uno se siente es una cosa, como el otro te percibe es otra.

Suma las vocales y las consonantes, por ejemplo, 5 en las vocales y 5 en las consonantes.

Vocales: 5

Consonantes: 5

5 + 5 = 10 (se reduce a un dígito = 1).

Cuando tu nombre completo tiene el mismo número de vocales y de consonantes es que hay un equilibrio. Cuando hay un equilibrio es que se está a punto de algo, ese algo pudiera ser en esta misma vida o en una próxima. En esta vida es para completar.

EL CUADRO MÁGICO

Es como una foto de toda tu vida basada en tu nombre enfocada en el patrón del cuadro mágico y en cómo te expresas en el mundo. La relación de todos los números en el cuadro mágico representa energías y expresiones en distintos aspectos de la vida por los números del 1 al 9, con una dinámica que los interrelaciona. Es una herramienta para conocerte a ti mismo mejor.

Cuando pones atención en los números del cuadro mágico se activan más; es como tener muchos ingredientes para cocinar en tu casa, y cuando te enfocas en cierta finalidad, ciertos ingredientes están más presentes que otros. Todos los números en tu cuadro mágico están en todo momento ahí. Cuando eres más consciente de ello es porque están tomando tu atención en ese momento. Es quién eres hoy, y el cuadro mágico te puede dar una idea de cómo te relacionas con quién eres hoy. ¿Quién soy hoy? Y ¿para qué estoy hoy? El cuadro mágico puede indicarte si un proyecto en marcha te puede ir bien o si puedes tener desafíos.

1 4	2 1	3 1
4 2	5 3	6 1
7 1	8 1	9 6

El 1 es la identidad; el 2, relaciones; el 3, creatividad; el 4, la familia y la materia; el 5, la energía; el 6, el amor y la comunicación; el 7, la mente; el 8, la administración del poder; el 9, completar y el desapego.

Cuenta los distintos números en tu nombre completo (tu nombre y dos apellidos).

Cuántos 1 tienes, cuántos 2, cuántos 3, y así hasta el 9, y lo pones en el cuadro apropiado.

En este ejemplo hay cuatro 1 que se ponen en el cuadro número 1.

Un 2, que se pone en el cuadro 2.

Un 3, que va en el cuadro número 3.

Dos 4, que ponemos en el cuadro 4.

Tres 5, en el cuadro 5.

Un 6, en el cuadro 6.

Un 7, en el cuadro número 7.

Un 8, en el cuadro 8.

Seis 9, en el cuadro 9.

9 1	1 9 5	1 1 6
P i l a r	M a r t í n e z	N a v a r r o
7 3 9	4 92 5 8	5 4 99

En este ejemplo se ve como lo que empieza tiene la suficiente energía para llevarlo a cabo y completarlo. En la casilla numero 1 tiene el valor numérico de 4, quiere decir que empieza varios proyectos. En la casilla 5 tiene 3, tiene suficiente energía para llevarlos a cabo. En la casilla 9 tiene 6 los proyectos o las actividades que comience los completa de sobra.

También hay un equilibrio porque no se trata tanto del valor numérico, sino de la armonía entre los números. Es la relación entre las casillas y no tanto la cantidad que haya en cada una; por ejemplo, puedes tener números bajos, pero repartidos en casi todas las casillas, así que hay un equilibrio. No se trata de la cantidad, sino del equilibrio y la dinámica entre los números que hay en las casillas. No es algo lineal, sino una dinámica.

Por ejemplo, si en el cuadro 1 hay 6, y en el cuadro 9 hay 4, probablemente no se termina todo lo que se empieza. Si en el cuadro 1 hay 4, y en el cuadro 9 hay 5, es que se tiene suficiente para terminar lo que se empieza.

Cuando en el cuadro número 1 hay 2, y en el cuadro número 9 hay 4, no indica que eso es poco, es una dinámica de una relación. Los proyectos que se empiezan se terminan de sobra.

Si en el cuadro número 1 hay 9, y en el cuadro número 9 hay 3, es que se tienen más ideas o proyectos que se empiezan de los que se suelen completar, así que hay que ser más discreto en lo que se empieza para completar lo que realmente se quiere llevar hasta el final.

Si el cuadro número 2 está vacío, se trata de desafíos con las relaciones. Los cuadros que están vacíos son campos de desafíos. También son áreas de actividad que pueden incluir oportunidades, como talentos por descubrir, pero hay que ganárselo poniendo atención en ello.

Los espacios vacíos son campos que te pueden interesar mucho porque tienes posibilidades nuevas y también es donde parece que hay dificultades, y quisieras tener más información y que no hubiera dificultades. Hay espacio para agregar conocimiento y estás abierto a aprender sobre la cualidad de ese número, por ejemplo, si la casilla número 5 está vacía, estás abierto a aprender sobre las cualidades del número 5. Cuando están vacías, se trata de cosas que tienen un interés especial. Es un espacio para incluir en tu vida mucho conocimiento sobre el número de la casilla que está vacía. Son campos de trabajo para ti, que después vas a describir como una aventura, aunque en el momento parece que hay bastante desafío. Resistes a aquello que te está llamando la atención, y porque hay algo que para ti es un tesoro cuando lo descubres. Cuando hay un vacío en uno de los cuadros, es como un espacio para la energía, para que la vida llene ese espacio. No te preocupes cuando el cuadro está vacío, vas a ver cómo de cierta manera pueden ser actividades que te interesan especialmente.

Los espacios vacíos son para tener la experiencia de lo que representa el número en ese espacio; por ejemplo, si el espacio vacío está en el cuadro número 1, es para que mires lo que representa el número 1. Imagina que tienes espacio en tu vida para vivir ciertas experiencias en los cuadros donde no hay numeración. Si tienes un nombre con apellidos muy largos, tendrás muchos números, pero no se trata de la cantidad, es más la relación dinámica entre ellos en este momento.

El cuadro número 5 es la batería que toca los demás cuadros, pero hay que saber interpretarlo y depende del resto de los cuadros.

El cuadro número 7 vacío es para no debatir y arriesgarse a escuchar mejor y poner atención en la mente. Al principio, el número 7 es agresivo porque lo que está ahí es el ego, hasta que se va vaciando. Pero no es que en algún momento deje de haber ego. El ego debe hacerse transparente: un cristal es transparente, pero sigue siendo un cristal. El número 7, cuando se va transformando, sufre un cambio de estado, y el objetivo es ser dueño de la propia mente, algo que no nos solemos plantear. «¿Yo realmente tengo mente, o es el ego el que está haciendo el papel de la mente?» Solo obsérvalo.

Si en el cuadro número 1 hay 2, en el cuadro número 5 hay 6, y en el cuadro número 9 hay 5, es para ser especialista, para iniciar un proyecto a la vez con fuerza y energía; es como querer atar bien las cosas que se quieren hacer o querer hacerlo todo perfecto.

En los cuadros con menos números se tiene más oportunidad de tener experiencias. Tener un cuadro vacío no es un problema porque es donde vas a tener más vivencias. Sería como si vienes vestido para jugar; el que va a nadar no viene con mucha ropa porque no se nada con ropa, y el que va a escalar en el Himalaya viene con abrigo. No es bueno, o malo, es la dinámica entre los números. Los números dentro de los cuadros son un valor numérico relativo a cómo están los otros valores numéricos.

El cuadro es fijo, pero la persona cambia y también la interpretación del cuadro, así que se vive de otra manera. Como dicen, hay épocas para todo, para empezar, para completar y para compartir con otras personas, o esperar hasta que esté completo y compartir los frutos con otras personas. Hay personas que hablan de las cosas que van a hacer, pero no las terminan; es como comerte la semilla. Tu vida no depende del dinero, pero sí de tu capacidad de imaginar, crear y comprometerte con lo que estás creando. Comprometerte con lo que todavía no es visible.

Los cuadros número 7 y 8 a menudo están vacíos, porque estamos hablando de ese aspecto mental y de transmutación. El 8 es el número de la transmutación y la magia, es para aprender que somos seres mágicos.

Por ejemplo, veamos los cuadros de la línea 4, 5, 6: el 4 es la familia; el 5, la energía, y la 6, el amor y la comunicación; esa línea es muy importante en la vida. Si en la casilla número 5 tienes menos números que en la 4, esto indica que tienes interés en la familia, pero también que te distancias de ella, que quieres a tu familia, pero no participas tanto con ella, que es importante, aunque a distancia, y eso no tiene por qué ser malo.

El cuadro número 2 representa las relaciones, y el cuadro 5 sería cómo apoyas a las relaciones; si hay 5, indica que se tiene bastante energía para apoyar las relaciones.

Si en el cuadro número 3 hay 5, indica que es una persona creativa y tiene la energía para generarla, porque en el cuadro número 5 tiene 5. El cuadro número 5 es el que alimenta al resto de los números que hay en cada cuadro, es como una batería.

Si en el cuadro número 8 hay un 1, no es una persona a la que le interese crear empresas o espacios para otras personas.

Si en el cuadro número 7 hay 3, y en el cuadro 3, 5, que se relaciona con la creatividad, esto indica que podría publicar vídeos y libros.

Si en el cuadro número 9 hay 8, puede indicar que se es muy duro consigo mismo, porque una de las características del número 9 es que es muy perfeccionista, y hay veces que el 9 es más duro consigo mismo que con el otro, es como no querer poner la última pincelada y creer que puede hacer más, hay que saber cuándo decir basta.

En el cuadro número 4, que representa a la familia, hay 2, y en el cuadro número 2 hay 2. Esto indica que la persona podría tener dificultad con las relaciones y con cosas que le tocan muy profundamente.

Estos son algunos ejemplos para darte una idea de la dinámica entre los cuadros y la relación entre la esencia de los números.

APÉNDICE

La vida de cada persona es única y no es para hacer comparaciones. Si uno es único, no es para compararse con nadie ni tampoco para juzgarse. Hay cosas que aprendes y, si algo no sale como quieres, la próxima vez lo haces de otra manera, y eso no significa que seas un fracasado. Todos venimos con un propósito y lo vamos a cumplir, puede ser a un nivel bajo, medio o alto, pero lo vas a cumplir, y en ese sentido no hay karma. El karma no se debe a que no has completado tu propósito, el karma tiene otro tipo de influencias que sí pueden estar relacionadas con vidas anteriores, pero no con tu propósito de vida.

Estar vivo es un compromiso, y la forma que uno elige de estar vivo está relacionada con el secreto de su número. Por lo tanto, debemos comprometernos con el secreto de nuestros números, porque son la clave de nuestro camino hacia la riqueza en todos los niveles.

También necesitamos saber qué tipo de inversores somos, ya que eso ayuda a aclarar nuestra relación con la acción. Es como ser un mago y encontrar qué tipo de magia se adapta mejor a ti o con la que más disfrutas.

Todos los números funcionan mejor como una familia de números, y en cada caso, acción o proyecto, uno de los números juega el papel de liderazgo... Si todos hacen su parte, entonces todos son líderes, sean visibles o invisibles (generalmente solo hay uno o dos líderes visibles, y la mayoría de los líderes son invisibles).

Hay relaciones que fluyen de forma más natural, y otras tienen que ser más conscientes, cuando los números impares, o los pares, están juntos. Es más natural que cuando hay un número impar con un par, aunque no tiene por qué ser un problema. En la relación no solo de pareja, sino en todas las relaciones, se requiere mucha conciencia. Eso no es una mala noticia, en el sentido de que no lo puedas cumplir. No hay desafíos con los cuales no puedas, aunque tú creas que no puedes.

Podemos aprender a confiar en lo invisible cuando logramos salir de nuestro propio camino; cada día de nuestra vida podemos decir que nos enfocamos en uno o dos números, es como tener un número principal y uno de respaldo. Ese número está relacionado con la fecha (día del mes) y con el día universal (mes, día y año), y la conexión con tu día de nacimiento y el número de propósito de vida.

Permítete disfrutar de la vida y conectarte con su fluidez, y con el poder y potencial humano, o aprovechar al máximo el amor, la fuerza más potente de la Tierra. Cuando te das cuenta de ello, eso te genera confianza, además de ser práctico. También implica que cuando te encuentras y te comunicas con extraños, así como con familiares y amigos, puede ser una experiencia simple, placentera y personal que te enriquezca, en lugar de la frustración que puede resultar para muchos.

Toda nuestra existencia está inimaginablemente bien organizada y podemos alinearnos de una manera muy simple y beneficiarnos del poder personal que está disponible para nosotros a través de esa organización magnífica y de apoyo. Básicamente, se trata de permitirte aprovechar la vida y el flujo de energía de la existencia tal como se expresa a través de las personas. Llamo a esto «amor», y es la fuerza más potente sobre la Tierra.

«Conócete a ti mismo», eso es lo que decía la inscripción en la entrada del templo de Apolo en Delfos. Aquí podemos añadir: «Conoce a las únicas nueve personas y tendrás la maestría de tu propia vida».

Del mismo modo y de ninguna manera limita las infinitas y únicas formas de expresión de los nueve seres humanos de forma básica. Al mismo tiempo, nos aporta maneras de relacionarnos con cada uno de ellos que son significativas e íntimas tanto para nosotros como para ellos.

Este libro está preparado para servirte como una guía personal y perspicaz sobre las diferentes maneras en que los números, a través de los nueve tipos de individuos, tienden a percibir el mundo y a aquellos con quienes entran en contacto. Es un marco muy útil para comprendernos mejor tanto a nosotros mismos como a los demás de una manera rápida y segura. Lo esencial es que nos permite tener una idea de nuestras propias percepciones y de los eventos pasados y presentes de nuestra vida y, sobre todo, darnos cuenta directamente del hecho de que nuestra vida no solo tiene sentido y significado, sino también que siempre lo ha tenido, incluso cuando no lo parecía. La vida se entiende más como metáfora, y tu vida depende más de tu capacidad de imaginar, crear y comprometerte a lo que estás creando y que todavía no es visible.

Cuando te preguntes cómo funciona algo en tu vida, vas a notar que no es como te lo han contado, y entonces ¿a quién vas a creer? Créete a ti; si es tu experiencia, respétala. Tu experiencia no siempre va a estar de acuerdo con la experiencia de la sociedad, pero es la tuya. No te preocupes tanto por el qué dirán o, peor, por el qué pensarán y no dirán; pon tus experiencias aprueba. Verifica tus conocimientos a ver qué resultados te dan, entonces puedes comprobar si tienes razón o si hay otra posibilidad que no era la que tú pensabas para que vivas las cosas. La vida hay que vivirla, no es para que te la cuenten. Es para que vivas tu vida, y para cada persona va a ser diferente. No hay dos personas que, al escuchar lo que dice otra persona, lo oigan exactamente igual, aunque puedan repetir las palabras exactas, porque sus vidas son distintas y tienen un sentido distinto.

Siempre estás viviendo tu vida y no hay fracasos en ella; aquí todos vamos a cumplir lo que hemos venido a cumplir, pero depende de cómo lo cumplas, si es mirando de frente o yendo de espaldas. Si vas de frente, lo puedes disfrutar mucho más que si vas de espaldas, porque de espaldas te das golpes, aunque la mesa no estaba ahí para hacerte daño, pero si te golpeas con ella sí te vas a hacer daño. Cuando miras de frente, ves otro mundo. Mirando atrás, lo que estás mirando es el pasado y todas las cosas que te arrepientes de no haber hecho.

Buda dijo que el apego era la causa primaria de todo sufrimiento; yo no estoy completamente de acuerdo. El apego es importante, pero no es la causa primaria; a mí me parece que la causa primaria es que no hay suficiente atención a lo nuevo. Es como los malabaristas que tiran cuatro o cinco bolas en el aire. Si ponen toda su atención en una bola, todas las demás se caerán. Así que cuanto más pones tu atención de aquí en adelante, más te vas desapegando del pasado y de las cosas que te habían ocurrido, de las que ya casi ni te acuerdas; te puedes acordar intelectualmente, pero ahora son una anécdota más, emocionalmente ya no tienen una carga para ti.

Cuando uno hace cualquier cosa con intención y enfoque, cambia la realidad, así que debes empezar a apuntar hacia ti mismo. Entonces puedes tomar riesgos, porque en el momento en que dices que vas «para allá», cambia la realidad, porque uno no solo vive en una realidad, sino en varias a la vez. Te tienes que arriesgar, y lo que arriesgas más que nada es tu ego. Puede que pienses que vas a hacer el ridículo, pero no, lo que vas a hacer es el payaso, y es mejor hacer el payaso porque siempre lo estamos haciendo, pero cuando lo niegas es cuando haces el ridículo. Así que apúntate a algo y hazlo.

Todos vivimos de la magia, pero no lo sabemos y creemos que todo es lógico. Es creativo, y la creación es magia. Cuando uno planifica su día, eso es un acto creativo porque lo está sacando de dentro y poniéndolo en el mundo. Para ser espontáneo hay que planificar, aunque suene como una paradoja. Puedes decir que eres espontáneo, pero no, lo que eres es distraído, y eso es diferente. Uno tiene algo que escoge, y también hay cosas que puede ir cambiando. Tu vida tiene un propósito, y dentro de ese propósito puedes ser espontáneo. Así que ser espontáneo, que es uno de los aspectos del niño, es para volver a ser niño, y hasta antes de nacer, que es cuando escogiste a tus padres, el momento del nacimiento y el lugar. Eso se llama planificación en esta dimensión. Planifica como si fueras a vivir para siempre, pero vive tu vida como si fuera el último día. Haces un plan y hay cosas que ocurren como tú esperabas y otras que parece que no ocurren, pero ya han ocurrido porque las pusiste en el papel. Y también hay cosas que no planificaste y que aparecen, y también las escribes en el papel; por ejemplo, te llamó alguien que no esperabas. Escribe las cosas que quieres hacer y también las cosas que ocurren durante ese día. Si lo escribes en el papel, en algún nivel lo has hecho. Han hecho experimentos con personas que físicamente hacen ejercicios y otras que lo imaginan. El resultado es que no había diferencia entre el que se quedaba en la cama imaginando que hacía ejercicio y el que salía a correr. Sí hay una diferencia, pero tal vez esa diferencia no consiste en mejorar el cuerpo, se trata de otro nivel de experiencia con el cuerpo.

Nada de fuera te da la felicidad. La felicidad la llevas dentro y tú la sacas en el momento, y parece que es el otro o las circunstancias lo que te hace feliz. La felicidad es algo que tú traes en cada momento. Uno puede ser feliz o no serlo en el momento que quiera.

No eres víctima, aunque es muy cómodo ser víctima y es un precio muy alto. Todo en tu vida de alguna manera te lo atraes y te sirve, aunque no te guste, y puede ser que en ese momento te enfades. Lo importante es cuánto te dura el enfado, y una vez que sabes cuánto tiempo te dura, puedes preguntarte cómo te ha servido, ya que de algún modo tú lo has provocado. Son preguntas que uno no suele hacerse, pero todo lo que te ocurre tiene una participación tuya, ¿o prefieres ser víctima? Somos artistas y vivir es un arte, así que disfruta. El arte de vivir es divertido y no es un sufrimiento ni una angustia. Vivir tiene desafíos, aunque hay veces que cansa, por supuesto, pero para eso estamos aquí. Hemos escogido estar aquí. Un secreto para cambiar tu vida es que dejes de quejarte, comprométete por una semana a no quejarte. La queja es la canción del impotente; o haces algo o te callas. Quejarte es como echarle gasolina al fuego, no es que se quede igual, es que lo empeora. Tomamos las cosas demasiado en serio. ¿Cómo vas a vivir una vida un poco divertida si la tomas tan en serio (no confundas sinceridad con seriedad)? Parece que te preocupas por el otro, pero no es cierto, es la excusa para no responsabilizarte de tu propia vida. Hemos venido aquí a sentir, aunque hay quien dice que es a sentirse bien. No. Hemos venido a sentirlo todo de una manera o de otra, y hay para todos los gustos.

QUIÉN FUE ERIC ROLF

Eric Rolf fue un visionario creativo que reconocía que la creación siempre está ocurriendo. En sus palabras: «Crear se convierte en una inspiración personal cuando el individuo se alinea con el flujo creativo de la vida, cuando permite una nueva visión y percepción. De esta alineación emerge un nuevo ser y surge la nueva visión, y este nuevo ser toma la responsabilidad personal por la creación, para transformarla y compartir esa visión».

Nacido el 27 de noviembre de 1936, en la ciudad de Nueva York, dedicó su vida a la exploración de la creatividad y los procesos de comunicación desde sus fuentes más internas y profundas; y a su aplicación para el beneficio del ser humano. Eric Rolf es reconocido por su contribución en la autocuración y en actividades de desarrollo personal con individuos y grupos de varios países.

Eric Rolf fue el creador y compartió:

◊ La medicina del alma: un modelo de autosanación revolucionaria.

◊ El código secreto del cuerpo: una relación única, órgano por órgano, de comunicación con nuestra vida.
◊ El idioma creativo interior: los secretos de la intuición y los sentidos internos.
◊ Los alimentos del alma: una guía de actividades de enriquecimiento interno, para beneficios externos.
◊ El paradigma visionario de la medicina del alma y el camino del sabor.
◊ El propósito de tu alma contado a través de los números: una perspectiva numerológica avanzada para una visión personal.
◊ Medicina mineral: usando piedras, minerales y cristales para la autosanación.

También escribió varios libros: *La medicina del alma*, *Contando con tu alma: Tu camino a través de la numerología del alma*, *Las enfermedades originales*, *Perlas de sabiduría*, *Enseñanzas: el camino del sabor*, *Calidad de vida y tiempo*, *Los secretos de crear y manifestar*, *El código secreto del cáncer: cómo descifrar su mensaje*, *Fruits from My Tree*.

Contacto:

www.ericrolf.com

crystalsedona@gmail.com